टर्नर द्वितीय वर्ष हिंन्दी MCQ

मनोज डोळे

Made with ♥ on the Notion Press Platform
www.notionpress.com

डिजिटाइजेशन समय की मांग है। भविष्य में, प्रशिक्षण को अधिक सुविधाजनक और आसान बनाने के लिए ऑनलाइन इंटरनेट का उपयोग करके औद्योगिक प्रशिक्षण संस्थानों में प्रशिक्षण आयोजित करने की आवश्यकता होगी। एमसीक्यू प्रश्नों के एक सेट वाली ई-पुस्तकें प्रशिक्षुओं को उपलब्ध कराई जाएंगी क्योंकि उन्हें अपने औद्योगिक प्रशिक्षण संस्थानों में होने वाली ऑनलाइन परीक्षाओं की तैयारी के लिए बहुविकल्पीय प्रश्नों एमसीक्यू के अधिक आदी होने की आवश्यकता है।

इन सब बातों को ध्यान में रखते हुए औद्योगिक प्रशिक्षण संस्थान सतारा के प्रशिक्षक श्री मनोज मधुकर डोले ने नई वार्षिक प्रणाली और एनएसक्यूएफ-5 पाठ्यक्रम के अनुसार पुस्तकें लिखी हैं। और उन्होंने प्रशिक्षण को आसान बनाने के लिए सैद्धांतिक मोबाइल ऐप और ब्लॉग बनाए हैं, और इन सभी शैक्षिक सामग्री को विश्व प्रसिद्ध वेबसाइटों Google Play Store, Amazon और Apple Book Store पर डाउनलोड के लिए उपलब्ध कराया है।

पुस्तकों का प्रकाशन माननीय सहसंचालक श्री राजेंद्र घुमे साहेब प्रादेशिक व्यावसायिक शिक्षण व प्रशिक्षण कार्यालय, पुणे द्वारा दिनांक 9/1/2019 को किया गया, इस समय श्री प्रकाश सहगवकर साहब प्राचार्य शासकीय औद्योगिक प्रशिक्षण संस्थान औंध पुणे, श्री तुकाराम मिसाल साहेब प्राचार्य सरकार प्र. संस्था सतारा, श्री सचिन धूमल साहब जिला व्यावसायिक शिक्षा एवं प्रशिक्षण अधिकारी सतारा, श्री यतिन परगांवकर साहब प्राचार्य शासन. Q. संस्था कोल्हापुर, श्री विकास टेक साहब इंस्पेक्टर वोकेशनल एजुकेशन एंड ट्रेनिंग रीजनल ऑफिस पुणे, पालेकर फूड्स प्रोडक्ट्स प्रा. लि. सतारा के उद्यमी अध्यक्ष श्री नीलकंठराव पालेकर साहब, हीरा फूड्स के अध्यक्ष श्री इब्राहिम बाबा तंबोली साहब, श्रीमती शाल्मली पवार मुख्याध्यापिका शासकीय तकनीकी विद्यालय केंद्र सतारा सहित अन्य गणमान्य व्यक्ति इस अवसर पर उपस्थित थे।

क्रम-सूची

प्रस्तावना

टर्नर द्वितीय वर्ष हिंन्दी MCQ आईटीआई इंजीनियरिंग कोर्स टर्नर, सेकेंड ईयर, 2022 में संशोधित एनएसक्यूएफ सिलेबस के लिए एक सरल बुक है, इसमें रेखांकित और बोल्ड सही उत्तरों के साथ वस्तुनिष्ठ प्रश्न हैं, जिसमें सभी विषयों सहित सभी विषयों को शामिल किया गया है। अलग-अलग खराद के सामान, विभिन्न उपयोगी वस्तुओं जैसे क्रैंक शाफ्ट (सिंगल थ्रो), स्टब आर्बर, घटकों (पुरुष और महिला) का उपयोग करके विभिन्न अनियमित आकार की नौकरी की मशीनिंग, अलग-अलग टर्निंग गतिविधियों का प्रदर्शन करके, सीएनसी संचालन, उत्पादन के लिए सीएनसी टर्न सेंटर का संचालन करना घटक, मल्टी-मीडिया आधारित सीएनसी सिम्युलेटेड और वास्तविक मध्यवर्ती उत्पादन आधारित सीएनसी मशीन पर, खराद पर विशेष ऑपरेशन, वर्म शाफ्ट कटिंग, विभिन्न इंजीनियरिंग घटक जैसे, ड्रिल चक, कोलेट चक, स्क्रू जैक, बॉक्स नट और बहुत कुछ।

हम प्रत्येक नए संस्करण के साथ नए प्रश्न उत्तर जोड़ते हैं। किसी भी त्रुटि/चूक के मामले में कृपया हमें ईमेल करें। यह यकीनन सभी इंजीनियरिंग बहुविकल्पीय प्रश्नों और उत्तरों के लिए सबसे बड़ी और सर्वश्रेष्ठ ई-बुक है।

एक छात्र के रूप में आप इसे अपनी परीक्षा की तैयारी के लिए उपयोग कर सकते हैं। यह ई-पुस्तक प्रोफेसरों के लिए सामग्री को ताज़ा करने के लिए भी उपयोगी है।

भूमिका

21वीं सदी में औद्योगिक क्षेत्र में तेजी से बढ़ती मांग के अनुरूप बहु-कुशल कारीगरों की आपूर्ति के लिए व्यावसायिक शिक्षा और प्रशिक्षण विभाग के माध्यम से व्यावसायिक शिक्षा और प्रशिक्षण विभाग के माध्यम से व्यावसायिक शिक्षा और प्रशिक्षण प्रदान किया जाता है। संस्थानों के भीतर सभी व्यवसाय महत्वपूर्ण हैं, क्योंकि इन व्यवसायों के प्रशिक्षु उद्योग की मांगों के अनुसार बहु-कौशल विकसित करते हैं।

सभी व्यवसायों के लिए उपयुक्त एमसीक्यू ई-पुस्तकें उपलब्ध कराने के नेक इरादे से, यह देखते हुए कि औद्योगिक क्षेत्र के सभी उद्योगों में सभी परीक्षाएं ऑनलाइन आयोजित की जाती हैं और इसमें एमसीक्यू पद्धति के प्रश्न शामिल होते हैं। श्री मनोज मधुकर डोले ने नए वार्षिक पाठ्यक्रम के अनुसार एमसीक्यू पद्धति पर एक बहुत अच्छी ई-बुक लिखी है। यह ई-पुस्तक निश्चित रूप से सभी प्रशिक्षुओं, प्रशिक्षु उम्मीदवारों, प्रशिक्षण प्रशिक्षकों और अन्य संबंधितों के लिए एक मार्गदर्शक होगी।

पुस्तक के लेखक श्री मनोज मधुकर डोले, इंस्ट्रक्टर गॉव आईटीआई सतारा को 17 साल का प्रशिक्षण अनुभव है। एक नए वार्षिक पैटर्न के रूप में लिखी गई, यह ई-बुक प्रत्येक विषय के लिए लेआउट, सरल भाषा और सरल सिंटैक्स, आरेख और वीडियो को समझने के लिए आधुनिक डिजिटल क्यूआर कोड तकनीक को शामिल करती है। इसलिए मुझे विश्वास है कि यह ई-पुस्तक निश्चित रूप से गहन अध्ययन और परीक्षा अभ्यास के लिए उपयोगी होगी। उन्होंने जो कार्य किया है वह निश्चित रूप से काबिले तारीफ है।

श्री तुकाराम मिसाल
प्राचार्य शासकीय औद्योगिक प्रशिक्षण संस्था सातारा.

आमुख

डीजीईटी नई दिल्ली और सीएसटीएआरआई कोलकाता अगस्त 2018 सत्र से आईटीआई में सभी व्यवसायों के लिए एक वार्षिक पैटर्न लागू कर रहे हैं। परीक्षा प्रणाली में भी बदलाव किया जाएगा और यह इस साल से ऑनलाइन हो जाएगी और चूंकि सभी प्रश्न वस्तुनिष्ठ प्रकार (एमसीक्यू) के हैं, इसलिए प्रशिक्षुओं को गहन अध्ययन की सख्त जरूरत है। इसे ध्यान में रखते हुए हमें पुराने NIMI पैटर्न पर आधारित पुस्तकें और नए वार्षिक पैटर्न का संपूर्ण अवलोकन प्रस्तुत करते हुए प्रसन्नता हो रही है, और हम आशा करते हैं कि ये पुस्तकें सभी व्यावसायिक निदेशकों और प्रशिक्षुओं के लिए एक मार्गदर्शक होंगी। है।

इन पुस्तकों को लिखने के लिए आईटीआई अकलुज के प्राचार्य जोहर अवाटे साहब ने कहा। आईटीआई सतारा सहगवकर साहब के पूर्व प्राचार्य, सहायक निदेशक श्री चंद्रकांत ढेकने साहेब क्षेत्रीय व्यावसायिक शिक्षा एवं प्रशिक्षण कार्यालय, पुणे, जिला व्यावसायिक शिक्षा एवं प्रशिक्षण अधिकारी सचिन धूमल साहेब एवं प्रधानाध्यापक शासकीय तकनीकी विद्यालय केन्द्र शाल्मली पवार मैडम एवं पुत्र अधिराज डोले, माता कुसुम डोले , मैं अपने पिता मधुकर डोले और पत्नी अश्विनी डोले को समय-समय पर उनके विशेष मार्गदर्शन और सहयोग के लिए बहुत आभारी हूं।

साथ ही, बहुत ही कम समय में श्री राजेन्द्र घुमे साहेब, संयुक्त निदेशक, व्यावसायिक शिक्षा और प्रशिक्षण क्षेत्रीय कार्यालय, पुणे द्वारा पुस्तक के प्रकाशन में उनके अमूल्य समय के लिए पुस्तक की समीक्षा की गई। मैं उनकी प्रतिक्रिया के लिए हृदय से आभारी हूँ।

पुस्तक लिखने की शुरुआत से ही निरंतर समर्थन के लिए मैं आईटीआई सतारा के प्रशिक्षक का आभारी हूं।

इस पुस्तक से, मैं खुद को धन्य मानता हूं कि मैंने आपके साथ ई-लर्निंग पर अपने विचार साझा किए। मैं यह दावा नहीं करूंगा कि यह पुस्तक पूर्ण है, क्योंकि पूर्णता को देखते हुए यह पुस्तक एक प्रयास है और अपनी शैशवावस्था में है। यदि उनका परीक्षण और सुझाव दिया जाए तो वे सुधार के लिए मूल्यवान होंगे।

मनोज डोले

दिनांक 9/1/2019

पावती (स्वीकृति)

हमारे औद्योगिक प्रशिक्षण संस्थानों की औद्योगिक प्रशिक्षण और सैद्धांतिक परीक्षा प्रणाली और इन परिवर्तनों को शिल्प प्रशिक्षकों और प्रशिक्षुओं द्वारा स्वीकार किया गया है। आपके औद्योगिक प्रशिक्षण संस्थानों में आयोजित सैद्धांतिक परीक्षाएं भी ऑनलाइन आयोजित की जाती हैं। चूंकि ये परीक्षाएं बहुविकल्पीय एमसीक्यू पद्धति की हैं, इसलिए प्रशिक्षुओं को ऐसे प्रश्नों का अधिक अभ्यास करने की आवश्यकता होगी।

इन सब बातों को ध्यान में रखते हुए श्री मनोज मधुकर, निदेशक, डोले क्राफ्ट्स, कटारी औद्योगिक प्रशिक्षण संस्थान, सतारा, ने नई वार्षिक प्रणाली और NSQF-5 के अनुसार, गहन अध्ययन किया है और अपनी मेहनत से और अपनी गहरी बुद्धि को जोड़ा है। पाठ्यक्रम, कटारी और अन्य मशीन ट्रेडों की ई-बुक। -बुक) और उन्होंने प्रशिक्षण को आसान बनाने के लिए सैद्धांतिक विषयों पर मोबाइल ऐप और ब्लॉग बनाए हैं और इन सभी शैक्षिक सामग्री को विश्व प्रसिद्ध वेबसाइटों Google Play Store, Amazon और Apple Book Store पर डाउनलोड के लिए उपलब्ध कराया है। प्रिंट संस्करण बनाकर और क्यूआर कोड जैसी उन्नत तकनीकों का उपयोग करके प्रशिक्षण को आसान बना दिया गया है।

ये सभी शैक्षिक सामग्री निश्चित रूप से सभी प्रशिक्षुओं के लिए गहन अध्ययन के लिए और शिल्प प्रशिक्षकों और अन्य संबंधितों के लिए एक मार्गदर्शक होगी जो व्यावसायिक प्रशिक्षण प्रदान कर रहे हैं।

1

टर्नर द्वितीय वर्ष हिंन्दी MCQ Drawing

Online Test Exam
ITI Books
CNC Course
AutoCAD CAM
JOB & Apprentice
Online Theory
Computer Course
Trading Course
Web Designing
MSCIT Course
Shopping Business
Internet Business
Remotasks Course
Online Services
Top Sportsmans
Indian Army
Freedom Fighters
Top Scientists
Social Reformers
Motivational Speaker
Top Richest People
Join WhatsApp Group
Join Facebook Group
Like Facebook Page
PAN / Adhar / Licence
Passport

Fire extinguisher

Calliper

Hacksaw frame

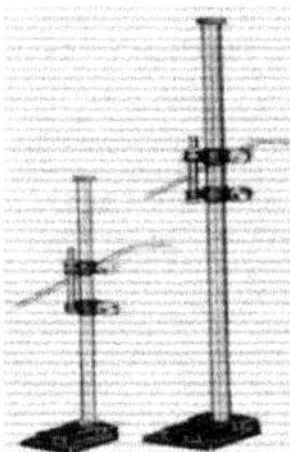

Universal surface guage

Hammer

Centre punch

Bench vice

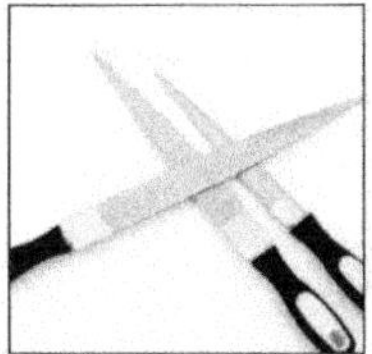

Files

Scraper

Surface Plate

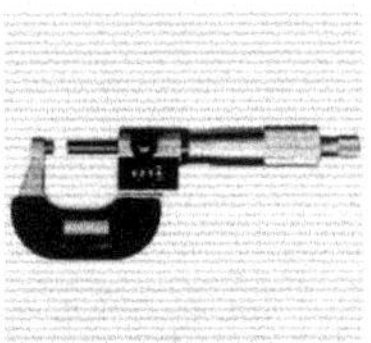 

Outside Micrometer

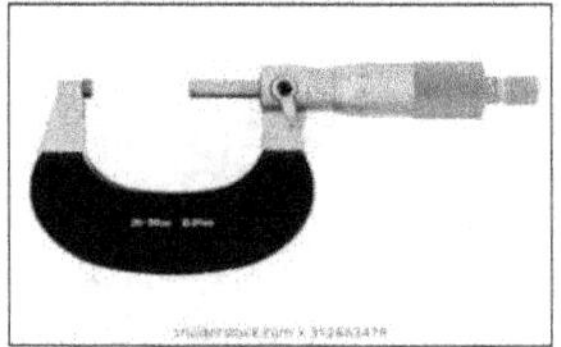

Micrometer

Depth micrometer

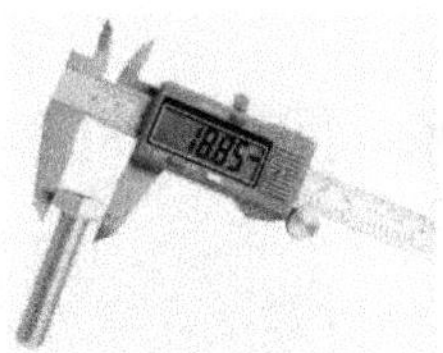

Vernier Calliper

Vernier bevel protractor

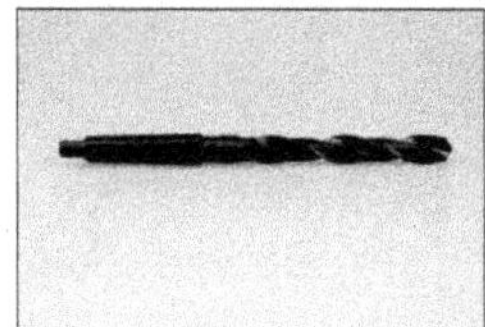

Drilling

Reamer

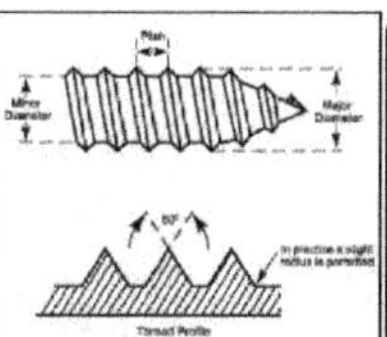

Thread

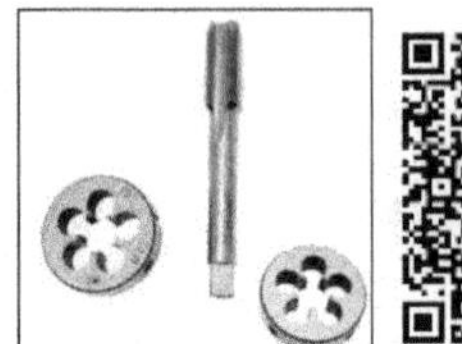

Tap Die

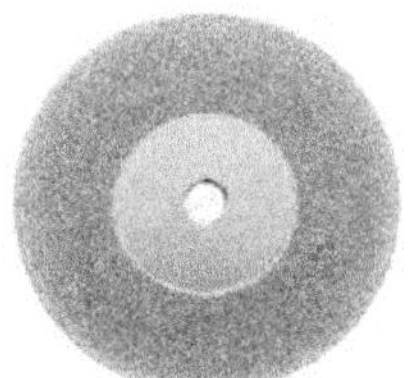

Grinding Wheel

Slip gauge

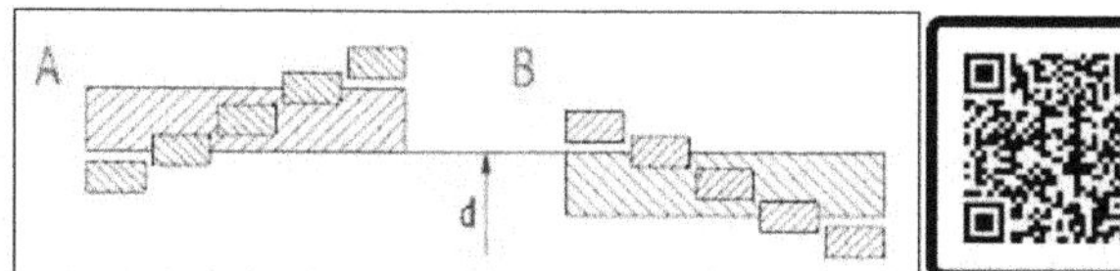

Limit fit tolerance

Lathe Machine

Lathe chuck

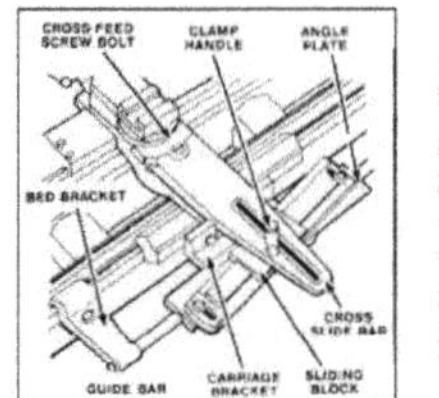

Taper turning attachment

taper ring gauge

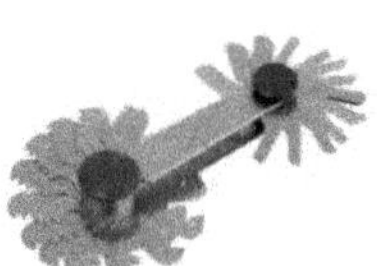

screw pitch gauge

Gear

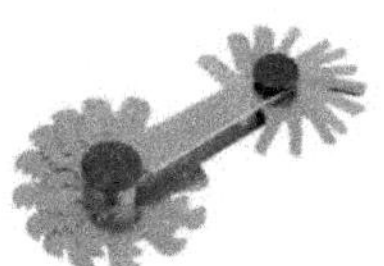

screw pitch gauge

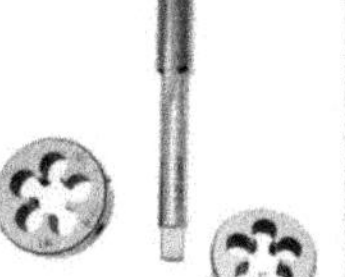

Tap Die

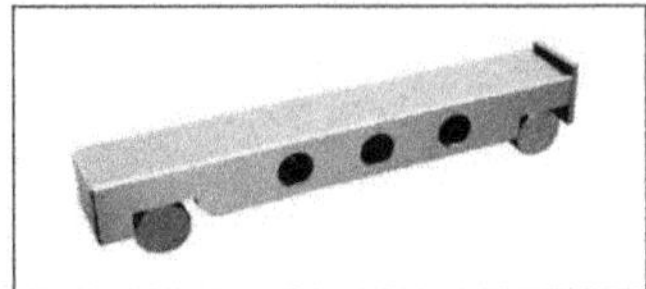

Sine bar

Slip gauge

Dial test indicator

Telescopic gauge

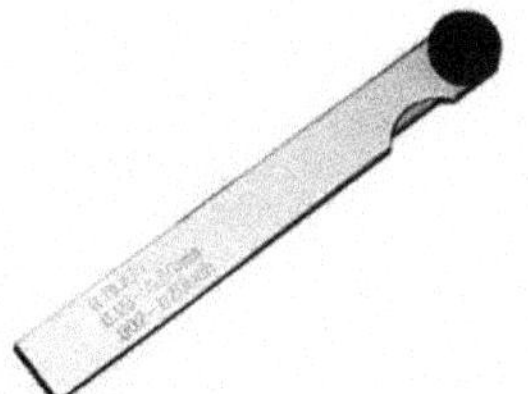

Feeler gauge

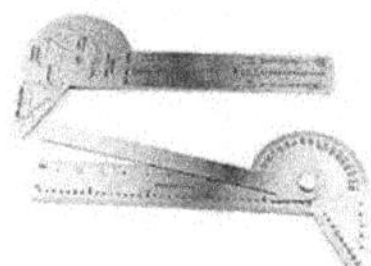

Centre gauge

Jig

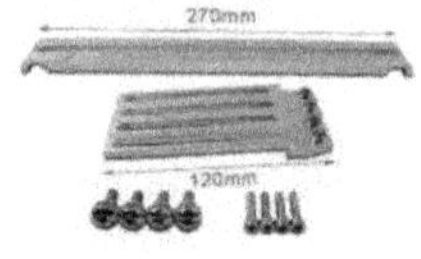

Fixture

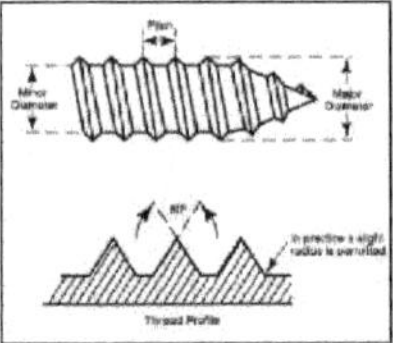

Thread

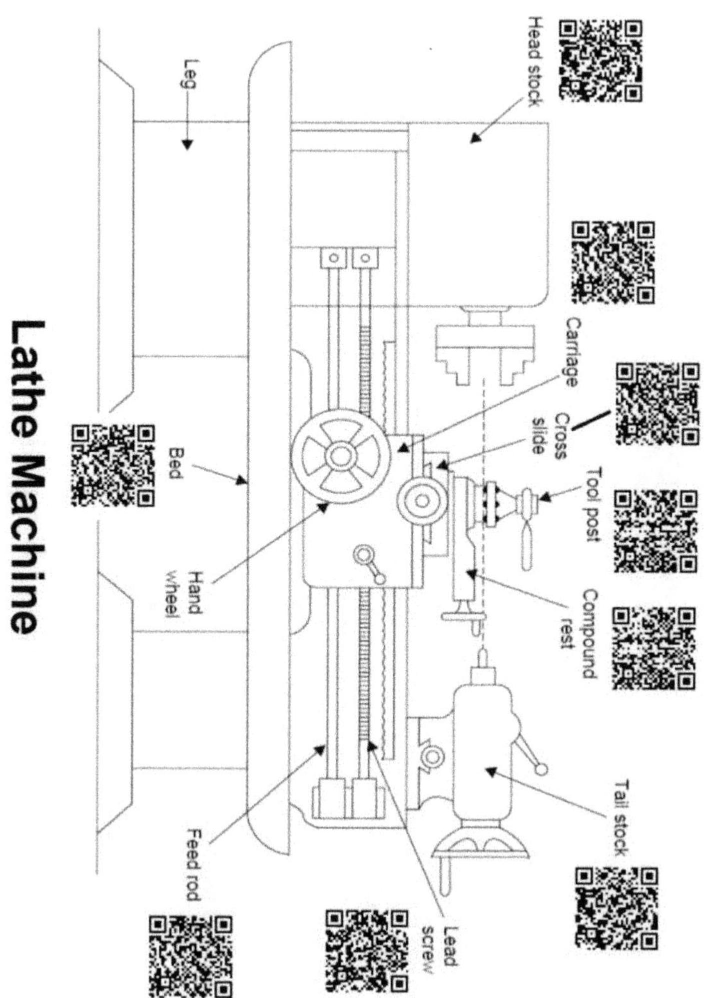
Lathe Machine
Head stock
Leg
Carriage
Cross slide
Tool post
Compound rest
Bed
Hand wheel
Tail stock
Feed rod
Lead screw

Bench Grinding Machine

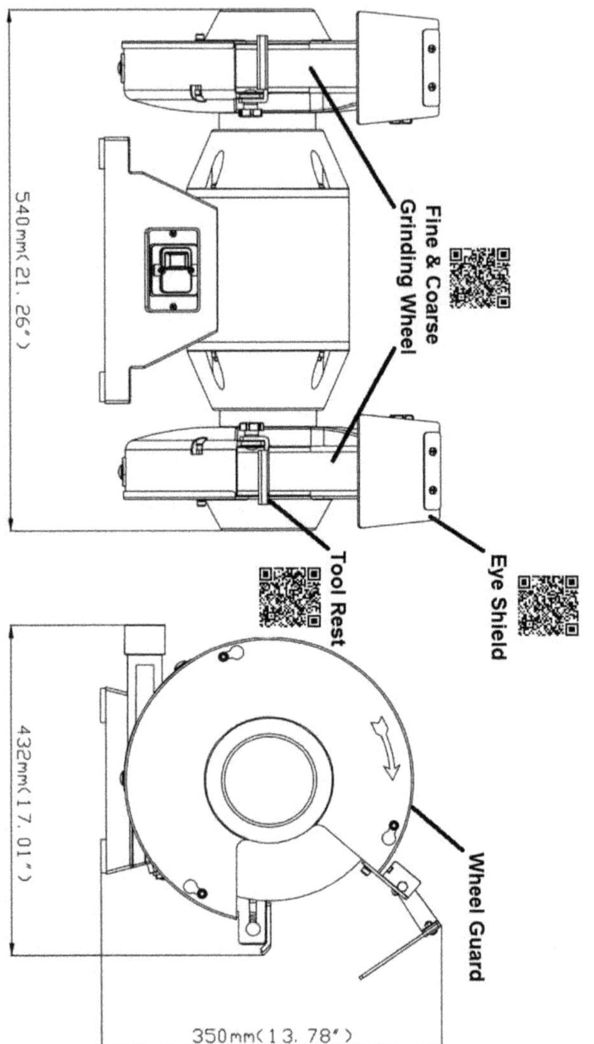

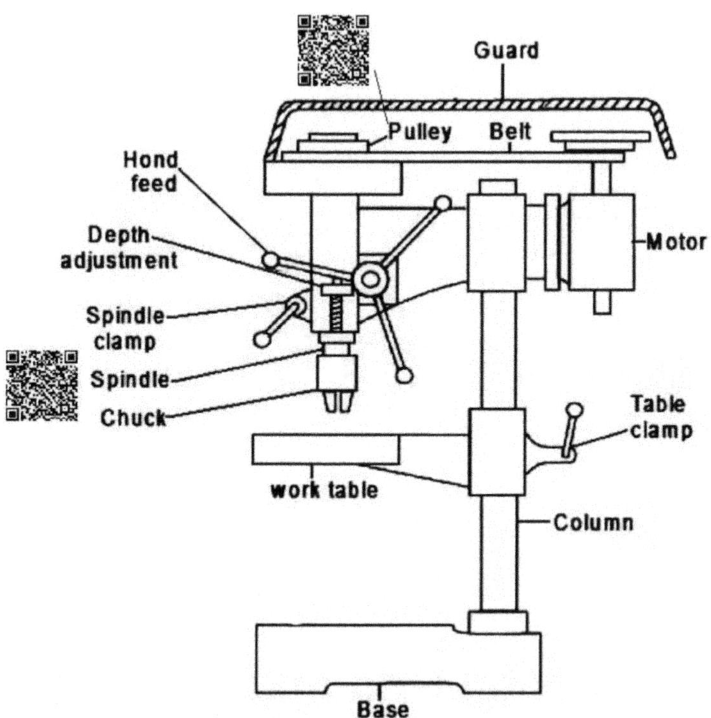

Piller Drilling Machine

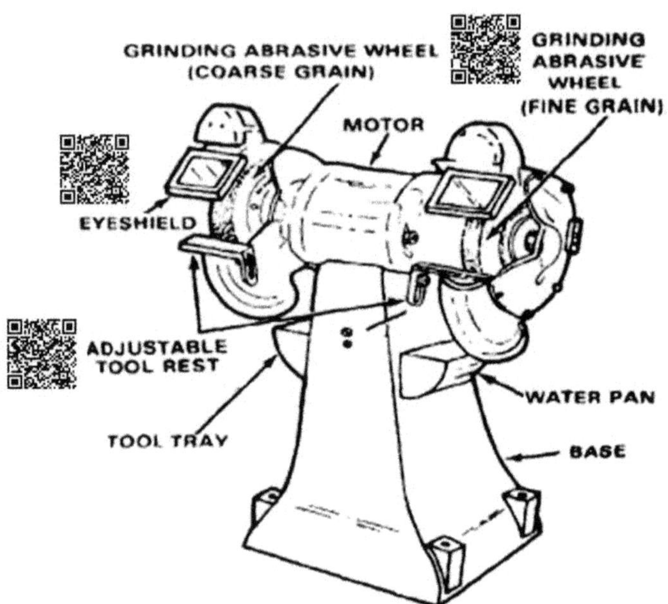

Pedastal Grinding Machine

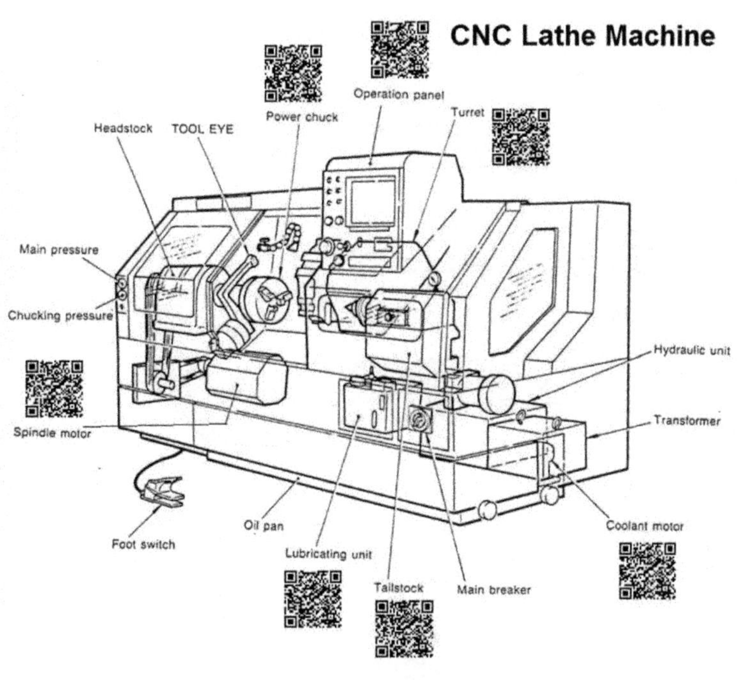
CNC Lathe Machine
Operation panel
Power chuck
Turret
Headstock
TOOL EYE
Main pressure
Chucking pressure
Hydraulic unit
Transformer
Spindle motor
Oil pan
Foot switch
Lubricating unit
Coolant motor
Tailstock
Main breaker

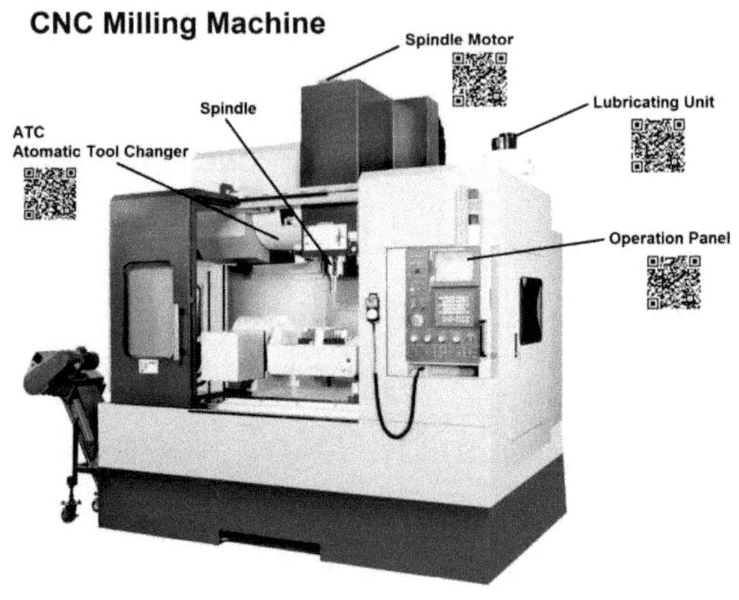

CNC Machine Power Pack

Tool Change & Spindle Speed in CNC Machine.

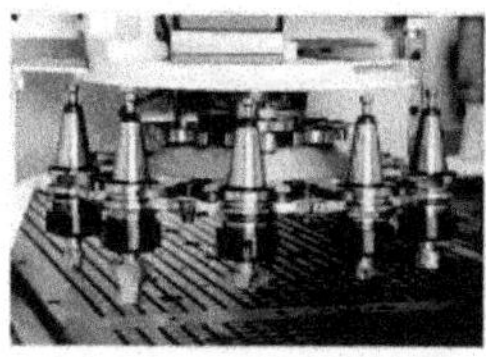

Coolant in CNC Machine.

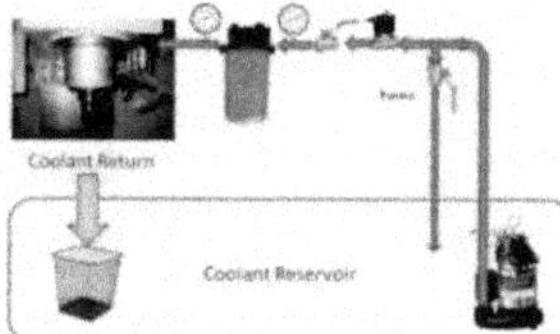

2

टर्नर द्वितीय वर्ष हिंन्दी MCQ

1] निर्माण के अनुसार लेथ कितने प्रकार के होते हैं?

A] दो

बी] तीन

सी] चार

डी] पांच

2] सेंटर लेथ कितने प्रकार के होते हैं?

B] दो

बी] तीन

सी] चार

डी] पांच

lathe lathe machine

LATHE मशीनएनिमेशनऔरवीडियो

3] खराद कितने प्रकार का होता है?

ए] दो

बी] तीन
सी] चार
डी] पांच
4] रोलर लेथ किस प्रकार का खराद है?
ए] बेंच खराद
<u>बी] विशेषखराद</u>
सी] उत्पादन खराद
डी] केंद्र खराद

lathe lathe machine

खराद मशीन एनिमेशन और वीडियो

5] बड़े पैमाने पर उत्पादन के लिए किस मशीन का उपयोग किया जाता है?
ए] केंद्र खराद
<u>बी] उत्पादनखराद</u>
सी] विशेष खराद
डी] इंजन खराद
6] अधिक सटीक कार्य के लिए किस खराद का उपयोग किया जाता है?
ए] केंद्र खराद
बी] विशेष खराद
सी] उत्पादन खराद
<u>डी] टूलरूमलेथ</u>
7] टूल रूम लेथ की सटीकता है...] से कंपेयर सेंटर लेथ।]
(एक कम
<u>(बी) अधिक</u>
(सी) बहुत कम
(डी) समान
8] लोकोमोटिव में एक्सल के साथ असेंबल व्हील चालू हो रहा है ...... खराद

(ए) केंद्र खराद

(बी) टूल रूम लेथ

<u>(सी) व्हील लेथ</u>

(डी) गैप बेड लेथ

9] ढलवां लोहे का उपयोग मशीन बेड बनाने के लिए किया जाता है क्योंकि -------

<u>ए] यहअधिकसंपीड़नतनावकाविरोधकरसकताहै</u>

बी] यह वजन में भारी है

C] यह सस्ती धातु है

D] यह एक भंगुर धातु है

10] निम्न में से कौन सा ऑपरेशन सेंटर लेथ पर नहीं किया जा सकता है?]

ए] टर्निंग

बी] धागा काटना

<u>सी] गियरकाटना</u>

डी] टेपर टर्निंग

gears gears

<u>गियर</u>एनिमेशन और वीडियो

11] MS] जॉब चालू करते समय कटिंग टूल और सामग्री से किस प्रकार के अच्छे चिप्स उत्पन्न होते हैं?

ए] सर्पिल चिप्स

बी] सर्कुलर चिप्स

सी] <u>लंबेचिप्स</u>

डी] सीधे और लंबे चिप्स

12] सीमेंटेड कार्बाइड सामग्री है....?

ए] लौह धातु

बी] <u>अलौहधातु</u>

सी] मिश्र धातु इस्पात

डी] अलौह मिश्र धातु

13] कार्बाइड टिप टूल के लिए हार्ड मटेरियल को चालू करने के लिए .....एक्सेंशियल है?

ए] साइड रेक कोण

बी] शून्य रेक कोण

सी] सकारात्मक रेक कोण

D] ऋणात्मकरेककोण

14] एक स्लॉट को 373 आरपीएम पर घूर्णन करने वाली 9 मिमी व्यास की स्लॉट मिल का उपयोग करके स्टील के घटक में मिल किया जाना है] काटने की गति होगी

ए] 10.55 मीटर/मिनट

बी] 26.7 मीटर/मिनट

सी] 181.9 मीटर/मिनट

डी] 11 मीटर/मिनट

15] 14 मीटर/मिनट की कटिंग स्पीड के लिए 12 मिमी व्यास की एंड मिल स्थापित की जानी है] आरपीएम] मशीन पर सेट किया जाना चाहिए

ए] 271.7 आरपीएम

बी] 183.17 आरपीएम

सी] 76 आरपीएम

डी] 371.21 आरपीएम

16] एक कटर का व्यास 80 मिमी है] यदि काटने की गति 20 मीटर/मिनट है] तो धुरी का आरपीएम होना चाहिए

ए] 90.7 आरपीएम

बी] 79.55 आरपीएम

सी] 25.75 आरपीएम

डी] 107.95 आरपीएम

17] जीरो रेक एंगल टूल के लिए दें?

ए] उपकरण के घर्षण से बचने के लिए

बी] उपकरणजीवनकोबढ़ानेकेलिए

C] सीधे टूल को बढ़ाने के लिए

डी] काम पर बेहतर परिष्करण के लिए

18] ....] और ....] जॉब टर्निंग इन फॉर्म टर्निंग?

ए] सादा और वी] आकार

बी] स्क्वायर और राउंड

सी] अवतलऔरउत्तल

डी] वी एंड राउंड

19] मशीन के फॉर्म टर्निंग से कौन सा हिस्सा बनता है?

ए] बेस

बी] बेड

सी] कैरेज

डी] हैंडल

20] इस उद्देश्य के लिए किया गया फॉर्म टर्निंग....?

ए] आकर्षकनौकरीकेलिए

बी] बड़ी सामग्री काटने के लिए

सी] बेहतर परिष्करण के लिए

D] नौकरी में सबसे छोटी कटौती के लिए

21] फॉर्म टर्निंग के बड़े पैमाने पर उत्पादन के लिए किस प्रकार के धातु उपकरण का उपयोग किया जाता है?

ए] एचएसएस]

बी] एचसीएस]

सी] कार्बाइड

डी] सीमेंटाइट

22] टेम्पलेट क्या है?

ए] काटने के संचालन में से एक

बी] फॉर्म टर्निंग में से एक

सी] नौकरीकाएकहीआंकड़ा

डी] उपकरण में से एक

23] किस उद्देश्य से टेम्प्लेट का उपयोग किया जाता है?

ए] अंकनऔरजांचकेलिए

बी] थ्रेडिंग के लिए

सी] मोड़ के लिए

डी] मापने के लिए

24] टेम्प्लेट बनाने के लिए किस सामग्री का उपयोग किया जाता है?

ए] एचसीएस] प्लेट

बी] विशेष उपकरण स्टील

सी] पीतल या तांबा

डी]जीआई] शीटयाएमएस] पतलीशीट

25] --------------- घटक के आकार की जाँच के लिए प्रयोग किया जाता है

टेम्पलेट

बी] स्नैप गेज

सी] उपकरण

डी] साइन बार

26] डायल टेस्ट इंडिकेटर माप को इस प्रकार दिखाता है...

ए] घटक का वास्तविक आकार

बी] 5 मिमी . के दो चरणों के बीच का अंतर

सी] एक सूचक के माध्यम से आकार में आवर्धित छोटे बदलाव

डी] आयाम का प्रत्यक्ष पठन

27] डायल टेस्ट इंडिकेटर के काम करने का सिद्धांत है

एक रैखिक गति को स्लॉटेड लिंक का उपयोग करके पारस्परिक गति में परिवर्तित किया जाता है

बी रैखिक गति को रैक और पिनियन का उपयोग करके रोटरी गति में परिवर्तित किया जाता है

सी लेंस का उपयोग करके छोटे बदलाव का आवर्धन

इलेक्ट्रॉनिक माध्यमों से डी आवर्धन:

28] बाहरी व्यास की सांद्रता की जांच के लिए निम्न में से किस उपकरण का उपयोग किया जाता है...?

ए] बाहरी माइक्रोमीटर

बी] डायलटेस्टइंडिकेटर

सी] वर्नियर कैलिपर

डी] कैलीपर डायल करें

dial test indicator 1 Dial Guage

डायलटेस्टइंडिकेटरएनिमेशन और वीडियो

29] डायल टेस्ट इंडिकेटर के प्लंजर की रैखिक गति को पॉइंटर की रोटरी गति में बदलने के लिए निम्नलिखित में से किस तंत्र का उपयोग किया जाता है....?

ए] पेंच धागा तंत्र

बी] त्वरित वापसी तंत्र

सी] रैकऔरपिनियनतंत्र

डी] हाइड्रोलिक तंत्र

30] समान घटकों की आयामी सटीकता की जांच करने के लिए एक डायल टेस्ट इंडिकेटर को आकार पर सेट किया जाता है और एक तुलनित्र के रूप में उपयोग किया जाता

है, आप डायल क्वैज सेट करने के लिए क्या उपयोग करेंगे...?

ए] स्नैप गेज

बी] बाहर माइक्रोमीटर

सी] साइन बार

डी] पर्चीगेज

31] डायल टेस्ट इंडिकेटर का उपयोग..?

ए] 0.01 मिमी . की सटीकता के लिए अंधा छेद की लंबाई की जांच करने के लिए

बी] 0.001 मिमी . की सटीकता पर बाहरी व्यास की जांच करने के लिए

सी] 0.01 मिमी . कीसटीकताकेलिएचालूनौकरीकीबेलनाकारताकीजांचकरनेकेलिए

डी] उपरोक्त में से कोई नहीं

32] डायल टेस्ट इंडिकेटर का उपयोग किया जाता है..?

ए] छिद्रों की सांद्रता की जांच करने के लिए

बी] शाफ्ट की बेलनाकारता की जांच करने के लिए

सी] 0.01 मिमी . की सटीकता के लिए नौकरी की समानता की जांच करने के लिए

डी] उपरोक्तसभी

33] लीवर टाइप डायल टेस्ट इंडिकेटर में इस तंत्र द्वारा गति का आवर्धन प्राप्त किया जाता है...?

ए] रैक और पिनियन

बी] लीवरऔरस्क्रॉल

सी] पेंच धागा

डी] त्वरित वापसी

34] डायल टेस्ट इंडिकेटर माप दिखाता है...?

ए] नौकरी का वास्तविक आकार

बी] दो चरणों के बीच का अंतर 0.5 मिमी

सी] आकार का सीधा पढ़ना

डी] सूचकद्वाराआकारमेंछोटाबदलाव

35]समान घटकों की आयामी सटीकता की जांच करने के लिए, एक डायल टेस्ट इंडिकेटर को t 6 साइज के लिए सेट किया जाता है और एक तुलनित्र के रूप में उपयोग किया जाता है] डायल टेस्ट इंडिकेटर पर सेट करने के लिए आप क्या उपयोग करेंगे?

ए] डायल टेस्ट इंडिकेटर

बी] टीटर गेज

सी] पर्चीगेज

डी], सतह गेज

36] डायल टेस्ट इंडिकेटर के उपयोग ---------- हैं

ए] समांतरता और समतलता के लिए समतल सतह की जांच करने के लिए

बी] शाफ्ट और बार के सीधेपन की जांच करने के लिए

सी] छेद और शाफ्ट की एकाग्रता की जांच करने के लिए

डी] उपरोक्तसभी

37] डायल टेस्ट इंडिकेटर्स से पता चलता है कि माप --------

ए] एकबिंदुकेमाध्यमसेआवर्धितछोटीभिन्नताआकारहै

बी] 5 मिमी . के शीर्ष चरणों के बीच का अंतर

सी] घटक का वास्तविक आकार

डी] आयाम का सीधा पठन

38] उस उपकरण का नाम बताइए जो छोटे भिन्नता को मापता है आकार मापा जाता है]

ए] वर्नियर कैलिपर

बी] माइक्रोमीटर

सी] डायलइंडिकेटर

डी] स्टील नियम

39] डायल टेस्ट इंडिकेटर के बारे में निम्नलिखित में से कौन सा सही नहीं है?

ए] इसके डायल पर 100 डिवीजन हैं

बी] स्टेम की गति गियर ट्रेन के माध्यम से डायल में स्थानांतरित हो जाती है

सी] इसकीसटीकता 0.1 मिमी . है

डी] गहराई नापने का यंत्र के संयोजन के साथ प्रयोग किया जाता है

40] निम्नलिखित में से कौन सा फ्रंट क्लीयरेंस एंजेल है?

ए] फ्रंटक्लीयरेंसएंगल

बी] कील कोण

सी] कोण काटना

डी] बैक रेक एंगल

41] जब काटने का उपकरण अपनी क्रिया शुरू करता है और इस स्थिति में काटने की शक्ति में वृद्धि होती है तो उपकरण का प्रभाव क्या होता है ..?

ए] उपकरण का निकासी कोण अधिक है

बी] उपकरणकानिकासीकोणकमहै

C] टूल का रेक एंगल कम होता है

D] टूल का रेक एंगल ज्यादा होता है

42] टूल के लिए रेक एंगल का उद्देश्य है?

ए] मानसिकचिप्सकेलिएसहीदिशा

बी] काम पर अच्छा परिष्करण

सी] उपकरण के जीवन को बढ़ाने के लिए
डी] नौकरी और उपकरण के बीच घर्षण से बचने के लिए
43] कटिंग टूल के लिए क्लीयरेंस एंगल प्रदान करने का उद्देश्य है?
ए] धातु काटने वाले चिप्स की सही दिशा के लिए
बी] नौकरी के हिट होने पर घर्षण को कम करें
सी]नौकरीघर्षणकेऋषिकेलिए
डी] काम पर बेहतर परिष्करण के लिए
44] यदि काटने के उपकरण ऊपरी केंद्र की ऊँचाई निर्धारित करते हैं तो क्या होता है?
ए] शीर्षरेककोणबढ़ाएं
बी] कम शीर्ष रेक कोण
सी] शीर्ष रेक कोण पर कोई प्रभाव नहीं
डी] निकासी कोण बढ़ाएँ
45] यदि कटिंग टूल सेटिंग को केंद्र की ऊंचाई से कम किया जाए तो क्या होगा?
ए] शीर्ष रेक कोण बढ़ाएं
बी] शीर्षरेककोणघटाएं
सी] रेक पर कोई प्रभाव नहीं
डी] निकासी कोण घटाएं
46] अगर काटने का उपकरण नौकरी के केंद्र को परेशान कर रहा है?
ए] फ्रंट क्लीयरेंस एंगल बढ़ाएं
बी] फ्रंटक्लीयरेंसएंगलघटाएं
सी] सामने निकासी कोण पर कोई प्रभाव नहीं
डी] उनमें से कोई नहीं
47] यदि काटने का उपकरण नौकरी के केंद्र की सेटिंग नीचे है?
ए] फ्रंटक्लीयरेंसएंगलबढ़ाहुआहै
बी] फ्रंट क्लीयरेंस एंगल घट रहा है
सी] निकासी कोण पर कोई प्रभाव नहीं
डी] उनमें से कोई नहीं
48] जीरो रेक एंगल टूल के लिए दें?
ए] उपकरण के घर्षण से बचने के लिए
बी] उपकरणजीवनकोबढ़ानेकेलिए
सी] सीधे उपकरण में वृद्धि के लिए
डी] काम पर बेहतर परिष्करण के लिए
49] कार्बाइड टिप टूल के लिए हार्ड मटेरियल को चालू करने के लिए... ..एक्सेंशियल?
ए] साइड रेक कोण

बी] शून्य रेक कोण

सी] सकारात्मक रेक कोण

D] <u>ऋणात्मकरेककोण</u>

50] काटने के उपकरण की धार को तोड़ने के लिए नहीं...?

ए] फ़ीड वृद्धि

बी] काटने की गति कम हुई

सी] नाक की लंबाई कम हो जाती है

डी] <u>ऋणात्मकरेककोणकाप्रयोगकरें</u>

51] एक छेद की ड्रिलिंग और रीमिंग के लिए इस्तेमाल की जाने वाली जिग बुश है...?

ए] फिट बुश दबाएं

बी] लाइनर बुश

सी] <u>अक्षयझाड़ीपर्ची</u>

डी] निश्चित अक्षय झाड़ी

52] निम्नलिखित में से कौन सा उपकरण नौकरी रखने के लिए और काम करते समय टोल के लिए गाइड का उपयोग किया जाता है?

ए] गेज

बी] आवास

<u>सी] जिगो</u>

डी] स्थिरता

53] निम्नलिखित में से कौन सा उपकरण केवल क्लैम्पिंग जॉब के लिए दिया गया है?

ए] जिगो

<u>बी] स्थिरता</u>

सी] आवास

डी] गेज

54] वेल्डिंग जॉब द्वारा निर्मित होने पर 360 डिग्री सेल्सियस तक वेल्डिंग जॉब को फिक्स्ड या रिवॉल्विंग रखने के लिए किस उपकरण का उपयोग किया जाता है?

ए] गेज

बी] खाका

सी] जिगो

<u>डी] स्थिरता</u>

55] जिग ड्रिलिंग की मुख्य चीजें मशीन टेबल के साथ क्लैंपिंग नहीं है, कौन सा कारण सही है, निम्नलिखित दिया गया है?

<u>ए] यहऑपरेशनकेलिएमजबूतहै</u>

बी] यह ऑपरेशन के लिए आसान है

सी] काम पर ड्रिलिंग करते समय कई अलग-अलग आकार के छेद अलग-अलग सेटिंग से उत्पन्न होते हैं

डी] इस डिवाइस के लिए बहुत समय है

56] राउंड शेप जॉब लोकेशन के लिए कौन से स्थान सबसे उपयोगी हैं?

ए] पिन टाइप लोकेटर

बी] वेज टाइप लोकेटर

<u>सी] वीलोकेटर</u>

डी] समायोज्य स्टॉप लोकेटर

57] ड्रिलिंग जिग्स में बुशिंग का उपयोग करने के लिए कौन सा कारण सही है?

ए] ड्रिलिंग के लिए आसान

बी] निश्चित ड्रिल छेद आकार के लिए

<u>सी] सटीकड्रिलिंगऑपरेशनकेलिए</u>

डी] बेहतर फिनिश ड्रिलिंग होल के लिए

58] जिग बुश के निर्माण के लिए धातु है...?

ए] माइल्ड स्टील

बी] कच्चा लोहा

सी] कास्ट स्टील

<u>डी] उपकरणस्टील</u>

59] निम्नलिखित झाड़ी को देखते हुए अक्षय झाड़ी का पता लगाने के लिए किस बस का उपयोग किया जाता है?

ए] फिट बुशिंग दबाएं

<u>बी] रैखिकझाड़ी</u>

सी] विशेष झाड़ी

डी] नर्ड बुशिंग

60] जिग में सहनशीलता है..?

ए] नौकरी सहिष्णुता के पांच वर्तमान

बी] नौकरी सहिष्णुता का दस प्रतिशत

<u>सी] 20% से 50% नौकरीसहनशीलता</u>

डी] 100% नौकरी सहनशीलता

61] बोर से लोकेशन के लिए निम्नलिखित में से किस जिग का उपयोग किया जाता है?

ए] प्लेट जिगो

बी] ठोस जिगो

<u>सी] जिगोपोस्टकरें</u>

डी] बॉक्स जिगो

62] ड्रिल प्लेट वाले किस जिग के बाद?

ए] ठोस जिगो

<u>बी] प्लेटजिगो</u>

सी] बॉक्स जिगो

डी] टेबल जिगो

63] आंतरिक व्यास स्थान के लिए किस लोकेटर का उपयोग किया जाता है?

ए] ठोस सपोर्ट

<u>बी] पिनटाइपलोकेटर</u>

सी] वी लोकेटर

डी] घोंसला लोकेटर

64] ड्रम जिग बुशिंग-आम तौर पर कठोर होते हैं ------------]

ए] माइल्ड स्टील

बी] कच्चा लोहा

सी] कास्ट स्टील

<u>डी] टूईस्टील</u>

65] जिग्स वह उपकरण है जो -------------

ए] काम के टुकड़े का पता लगाएँ

बी] वर्क पीस को पकड़ना और सपोर्ट करना

सी] काटने के उपकरण का मार्गदर्शन करें

<u>डी] उपरोक्तसभीकरताहै</u>

66] निम्नलिखित में से किस जिग्स का उपयोग बोर से आबंटन के लिए किया जाता है?

ए] प्लेट जिगो

बी] ठोस जिगो

<u>सी] जिगोपोस्टकरें</u>

डी] बॉक्स जिगो

67] स्थिरता एक उत्पादन उपकरण है जो -----------]

<u>ए] कामकेटुकड़ेकोपकड़ताहैऔरउसकापतालगाताहै</u>

बी] टुकड़ा रखता है

सी] काम के टुकड़े को चैट करता है,

डी] न तो रखता है और न ही] काम के टुकड़े का पता लगाता है

68] निम्नलिखित में से किसका उपयोग बड़े पैमाने पर उत्पादन में टूल को निर्देशित करने और नौकरी को बनाए रखने के लिए किया जाता है? '

ए] गेज]

बी] आवास

सी] स्थिरता

डी] जिगो

69] ड्रिल जिग में प्रोई/इडिंग बुशिंग का उद्देश्य निम्नलिखित में से क्या है?

ए] सटीकड्रिलिंगऑपरेशनकेलिएड्रिलकासटीकपतालगानेऔरड्रिलकामार्गदर्शनकरनेकेलिए

बी] ड्रिल किए जाने वाले छेद के आकार को निर्धारित करने के लिए

सी] आसान ड्रिलिंग के लिए

डी] ड्रिल किए गए छिद्रों में अच्छी तैयार सतह प्राप्त करने के लिए

70] ड्रिल जिग का उपयोग किसके लिए किया जाता है? _,

ए] केवल ड्रिल संचालन]

बी] ड्रिलिंगकेलिएनौकरीदबाना

सी] ड्रिलिंग, रीमिंग, टैपिंग और अन्य संचालन

डी] केवल टूल्स का मार्गदर्शन करना

71] निम्नलिखित में से किस जिग्स में ड्रिल प्लेट होती है, जो ड्रिल किए जाने वाले घटक पर टिकी होती है?]]]]

ए] सॉलिड जिग]

बी] प्लेटजिग]

सी] बॉक्स जिगो

डी] ट्रुनियन जिगो

72] जिग एक उपकरण है जो -----------

ए] काम के टुकड़े का पता लगाता है]

बी] वर्कपीस और गाइड टूल को पकड़ें और सपोर्ट करें

सी] काटने के उपकरण का मार्गदर्शन करता है

डी] काटनेकेउपकरणकोपकड़ो]

73] ड्रिल जिग का उपयोग .... के लिए किया जाता है।]

ए] ड्रिलिंग, रीमिंग, टैपिंगऔरअन्यसंबद्धसंचालन

बी] केवल ड्रिलिंग ऑपरेशन

सी] ड्रिलिंग करते समय नौकरी दबाना

डी] केवल उपकरण का मार्गदर्शन करना

74] स्थिरता एक उत्पादन उपकरण है जो ----------:-----

ए] वर्क पीस रखती है'

बी] काम के टुकड़े का पता लगाएँ

सी] कामकेटुकड़ेकोपकड़ताहैऔरढूंढताहै

D] वर्कपीस को न तो पकड़ता है और न ही ढूंढता है

75] बॉक्स जिग का उद्देश्य है:

ए] नौकरी पकड़ो और उपकरण को आंतरिक धागे बनाने के लिए मार्गदर्शन करें

बी] कईझुकेहुएछिद्रोंकाउत्पादनकरनेकेलिए

सी] कई सीधे छेद बनाने के लिए

डी] इनमें से कोई नहीं

76] जिग्स और फिक्स्चर -------- हैं

ए] मशीनिंग टूल्स

बी] सटीकउपकरण

सी] दोनों (ए] और (बी)

डी] इनमें से कोई नहीं

77] 'फिक्स्चर की तुलना में वजन के मामले में जिग कैसे हैं?

ए] जिग्सजुड़नारकीतुलनामेंहल्केहोतेहैं

बी] जिग्स फिक्स्चर से भारी होते हैं

सी] जिग्स एक ही ऑपरेशन के लिए फिक्स्चर के वजन के बराबर हैं

डी] इनमें से कोई नहीं

78] मशीनिंग भागों के लिए कौन से फिक्स्चर का उपयोग किया जाता है जो मुस्तह-ए-मशीनीकृत विवरण समान दूरी पर होते हैं?

ए] प्रोफ़ाइल जुड़नार

बी] डुप्लेक्स जुड़नार

सी] अनुक्रमणजुड़नार

डी] इनमें से कोई नहीं

79] एक टूल में चिप ब्रेकर दिया गया है

ए] 'यह चिप्स को छोटे टुकड़ों में तोड़ देता है'

B] लॉन्ग कट से निरंतर प्रकार के चिप्स प्राप्त करने के लिए

सी] कुचल चिप्स के लिए]

80] स्टेप टाइप चिप ब्रेकर एक है

ए] जिसमें एक छोटा नाली काटने वाले किनारे के पीछे जमीन है

बी] जिसमें एक कदम आईएस उपकरण के चेहरे पर अत्याधुनिक के साथ जमीन पर है

सी] जिसमें एक पतली कार्बाइड प्लेट या क्लैंप उपकरण के चेहरे पर ब्रेज़्ड या खराब हो जाता है]

81] साइन बार का बना होता है

ए] उच्च कार्बन स्टील

बी] उच्च गति स्टील

सी] निकल स्टील

डी] स्थिर क्रोमियम स्टील]

82] साइन बार का उपयोग के लिए किया जाता है

ए] ड्रिलिंग के लिए नौकरी को समतल करना

B] टेपर जॉब का कोण ज्ञात करना

सी] छिद्रों का व्यास मापना

डी] धागे की प्रोफाइल जांच रहा है]

83] साइन बार की लंबाई के बीच की दूरी है

ए] साइन बार के एक छोर से दूसरे छोर तक

बी] साइन बार की विकर्ण क्रॉस लंबाई

सी] रोलर्स के बीच केंद्र से केंद्र

डी] रोलर्स के बीच बाहर से बाहर]

sine bar 1 Sine Bar

साइन बार एनिमेशन और वीडियो

84] साइन बार का आकार इसके द्वारा निर्दिष्ट किया जाता है

एक वजन

बी] चौड़ाई का माप

सी] लंबाई

डी] सेटिंग का अधिकतम कोण]

85]साइन बार के एक छोर पर स्टॉपर प्रदान करने का उद्देश्य है

ए] आसान हैंडलिंग

बी] नौकरी को फिसलने से रोकना]

सी] पर्ची गेज का समर्थन

डी] सेटिंग करते समय संदर्भ के रूप में उपयोग करना]

86] एक साइन बार उसके शरीर पर समान रूप से चार या पांच छेदों के साथ बनाया जाता है] इन छेदों का उद्देश्य है

ए] साइनबारकोआसानीसेसंभालें

बी] पाप बार का वजन कम करें

सी] साइन बार की ऊपरी सतह के विरूपण को रोकें

D] साइन बार को अच्छा लुक दें

87] साइन बार का उपयोग के लिए किया जाता है

ए] छिद्रों के व्यास को मापना '

B] टेंपरजॉबकाकोणज्ञातकरना

सी] ड्रिलिंग के लिए नौकरी को समतल करना

डी] एक थ्रेड की प्रोफाइल चकिंग

88] साइन बार का उपयोग करके कोणों को मापने के लिए स्लिप गेज की ऊंचाई और कोण के अनुपात के अनुसार बनाया गया कोण

ए] साइनबारकीऊंचाई

बी] संख्या पर्ची गेज

सी] साइन बार की लंबाई

डी] साइन बार की चौड़ाई

89] ----------- 1 की सटीकता के भीतर कोण की जांच के लिए प्रयोग किया जाता है]

ए] गेज

बी] साइनबार

सी] मंदिर

डी] टेलीस्कोपिक गेज

90] संपर्क रोलर्स की केंद्र रेखा और साइन बार हैं तो डेटम सतह

ए] वही लाइन ''

बी] समानांतर

सी] झुका हुआ

डी] लंबवत

91] साइन बार किससे बना होता है -.

ए] उच्च कार्बन स्टील

बी] स्थिरक्रोमियमस्टील '

सी] हाई स्पीड स्टील

डी] निकल स्टील

92] l=200mm की लंबाई के साथ एक साइन बार का उपयोग वर्क पीस के कोण को सटीक रूप से जांचने के लिए किया जाता है] जांचा जाने वाला कोण: 250 स्लिप गेज की ऊंचाई 'h' की गणना करें?

ए] 84.54 मिमी

बी] 83.52 मिमी

सी] 81.81 मिमी

डी] 85.52 मिमी

93] निम्नलिखित में से कौन सा कथन सही है?'

ए] गेजकाउपयोगआकारकीजांचकेलिएकियाजाताहै

बी] आकार को चकने के लिए टेम्पलेट का उपयोग किया जाता है

सी] गेज का उपयोग आकार मापने के लिए किया जाता है

डी] गेज का उपयोग घटक के आकार की जांच के लिए किया जाता है

94] सेक्शन में गेज को किस मानक तापमान पर रखा जाता है?

ए] 100 सी

बी] 20 डिग्रीसेल्सियस

सी] 100 एफ

डी] 20 डिग्री फारेनहाइट

95] वर्कशॉप में आमतौर पर किस ग्रेड के स्लिप गेज का इस्तेमाल किया जाता है?

ए] ग्रेड 0

बी] ग्रेड एल

सी] ग्रेड एच

डी] ग्रेड 0

slip gauge 1 Slip Gauge

स्लिप गेज एनिमेशन और वीडियो

96] भारतीय मानकों के अनुसार एक विशेष सेट गेज का उपयोग किया जाता है जिसमें

ए] 81 टुकड़े

बी] 112 टुकड़े

सी] 120 टुकड़े

डी] 130 टुकड़े

97] संदर्भ गेज की सटीकता है

ए] 0.05 मिमी

बी] 0.01 मिमी

सी] 0.001]

डी] 0.0001 मिमी

98] स्लिप गेज पर चींटी की गड़गड़ाहट के मामले में, इसे हटा दिया जाना चाहिए

ए] भरना

<u>बी] लैपिंग</u>

सी] स्क्रैपिंग

डी] पीस

99] स्लिप गेज की कठोरता कितनी होनी चाहिए?

<u>ए] 63 सेअधिकएचआरसी</u>

बी] 58 एचआरसी

सी] 55 एचआरसी

डी] 50 एचआरसी

100] ------------- 0.01 मिमी की सटीकता के भीतर घटक की जाँच के लिए स्लिप गेज का उपयोग किया जाता है]

<u>ए] कार्यशालागेज</u>

बी] निरीक्षण गेज

सी] संदर्भ गेज

डी] रिंग गेज

101], ------------ सटीक उपकरण की सटीकता की जांच के लिए प्रयोग किया जाता है]

<u>ए] गेजब्लॉक</u>

बी] फादर गेज

सी] साइन बार

डी] प्लग गेज

102] सटीकता सुनिश्चित करने के लिए उपयोग करने से पहले स्लिप गेज को साफ किया जाता है] इस उद्देश्य के लिए आप किस माध्यम का उपयोग करेंगे।

ए] तेल

बी] पतला

<u>सी] कार्बनटेट्राक्लोराइड / सफेदपेट्रोल</u>

डी] तारपीन का तेल

103]समान घटकों की आयामी सटीकता की जांच करने के लिए, एक डायल टेस्ट इंडिकेटर t 6 साइज के लिए सेट किया गया है और एक तुलनित्र के रूप में उपयोग किया जाता है] डायल टेस्ट इंडिकेटर पर सेट करने के लिए आप क्या उपयोग करेंगे?

ए] डायल टेस्ट इंडिकेटर

बी] टीटर गेज

<u>सी] पर्चीगेज</u>

डी], सतह गेज

104] साइन बार के बारे में निम्नलिखित में से कौन सा कथन सही नहीं है?

ए] दोनों तरफ रखे टो सटीक रोलर्स का उपयोग करता है

बी] क्रोमियम स्टील से बना है

C] सतह लैप्ड है

<u>डी] छिद्रोंकीकेंद्ररेखाएंशीर्षसतहकीओरझुकीहोंगी</u>

105] एक स्लिप गेज एक ---------- है

<u>ए] आयताकारब्लॉक</u>

बी] स्क्वायर ब्लॉक

सी] क्यूबिक ब्लॉक

डी] बेलनाकार ब्लॉक

106] स्लिप गेज की चौथी श्रृंखला में, सेट 46 पीस में निम्नलिखित में से कौन सा रेंज सही है?

<u>ए] 1.0 से 9.0 मिमी।</u>

बी] 1.001 101.009 मिमी

सी] 1.01 से 1.09 मिमी

डी]'1.1' से_-1.9 मिमी

107] स्लिप गेज की 5वीं श्रृंखला में, सेट 46 पीस में निम्नलिखित में से कौन सी श्रेणी सही है -

<u>ए] 100 से 100 मिमी '</u>

बी] 1.001 से 1.009 मिमी

सी] 1.01 से 0.09mrn

डी] 11 से 9 मिमी

108] स्लिप गेज की 2NDS श्रृंखला में, 45 पीस के सेट में निम्नलिखित में से कौन सी श्रेणी सही है-

ए] 1.0 से 9.0 मिमी

बी] 1.001 से 1] 009 मिमी

<u>सी] 1.01 से 1.09 मिमी</u>

डी] 1.1 से 1.9 मिमी

109] स्लिप गेज की तीसरी श्रृंखला में, सेट 46 पीस में निम्नलिखित में से कौन सी श्रेणी सही है -

ए] 10.0 से 100 मिमी

बी] 1.001 से 1.009 मिमी

सी] 1.01 से 1.09 मिमी

<u>डी] 1.1 से 1.9 मिमी</u>

110] स्लिप गेज की पहली श्रृंखला में, सेट 46 पीस में निम्नलिखित में से कौन सी श्रेणी सही है -

ए] 0.001 मिमी

बी] 001 मिमी

सी] 0.1 मिमी

डी] 1.0 मिमी

111] स्लिप गेज की दूसरी श्रृंखला में, निम्नलिखित में से कौन सा कदम 46 टुकड़ों के सेट में सही है -

ए] 0.001 मिमी

बी] 0.01 मिमी

सी] 0.1 मिमी

डी] 1-0 मिमी

112] स्लिप गेज की तीसरी श्रृंखला में, सेट 46 पीस में निम्नलिखित में से कौन सा चरण सही है?

ए] 0.001 मिमी

बी] 0.01 मिमी

सी] 0.1 मिमी

डी] 1.0 मिमी

113] सीमेंटेड कार्बाइड थ्रेडिंग टूल के लिए निम्नलिखित में से किस प्रकार का टिप?

ए] रिजेक्ट टूल पर क्लैम्पिंग के लिए

बी] उपकरणपरटांकनाकेसाथ

सी] उपकरण पर वेल्डिंग के साथ

डी] टूल पर सोल्डरिंग के साथ

114] सीमेंटेड कार्बाइड थ्रेडिंग टूल का सिरा है

ए] ब्रेज़्ड

बी] वेल्डेड

सी] मिलाप

D] टांग से जकड़ा हुआ

115] सॉफ्ट सोल्डरिंग की जाती है

ए] 450◦ सी . सेनीचे

बी] 450◦C . से ऊपर

सी] 900◦C . पर

डी] 1000◦C . से ऊपर

116] टांकना किया जाता है

ए] 1900◦C . पर

बी] 450◦C . सेऊपर

सी] 1000◦C . पर

डी] 450◦C . से नीचे

117] एक ब्रेज़्ड जोड़ है

ए] एक टांका लगाने वाले जोड़ से कमजोर

बी] एक सोल्डर से अधिक मजबूत शामिल हों

सी] एक वेल्डेड संयुक्त से मजबूत

डी] चांदीकेटांकालगानेवालेजोड़सेकमजोर

118] पीसने में, सतह की गति (काटने की गति) को में व्यक्त किया जाता है

ए] मिमी/मिनट

बी] मिमी/सेकंड

सी] मी/मिनट

डी] मी/सेकंड

119] एचएसएस के साथ एल्यूमीनियम के लिए काटने की गति] उपकरण है

ए] 30 मीटर/मिनट

बी] 50 मीटर/मिनट

सी] 70 मीटर/मिनट

डी] 130 मीटर/मिनट

120] एचएसएस के साथ पीतल के लिए काटने की गति] उपकरण है

ए] 10 मीटर/मिनट

बी] 25 मीटर/मिनट

सी] 70 मीटर/मिनट

डी] 140 मीटर/मिनट

121] मशीनिंग के दौरान किसी उपकरण की अत्याधुनिक सामग्री सामग्री के ऊपर से गुजरने वाली दूरी को इस रूप में जाना जाता है...

ए] आरपीएम

बी] फ़ीड

सी] मशीन की गति

डी] काटनेकीगति

122] एम24 x 3 मिमी आंतरिक धागे के लिए कट की गहराई है

ए] 0.5412 x 3

बी] 0.6134 x 3

सी] 0.5 x 3

डी] 0.7 x 3

123] 24 x 3 मिमी आंतरिक एक्मे धागे काटने के लिए, नौकरी का मुख्य व्यास है

ए] 20.00 मिमी

बी] 21.66 मिमी

सी] 21.00 मिमी

डी] 20.60 मिमी

124] मीट्रिक वर्ग थ्रेडिंग के लिए कट की गहराई है

ए] 0.6 एक्स पी

बी] 0.5 एक्सपी

सी] 0.5412 एक्स पी

डी] 0.6412 एक्स पी

thread2 screw threads

थ्रेड एनिमेशन और वीडियो

125] बट्रेस धागे को काटने के लिए, कट की गहराई है

ए] 0.5412 एक्स पी

बी] 0.6 एक्सपी

सी] 0.7 एक्स पी

डी] 0.75 एक्स पी

126] स्नेहक .... के लिए आवश्यक है।

ए] कमसेकमभारलेतेहुएमशीनकोसुचारूरूपसेचलाएं

बी] मशीन को जल्दी से चलाएं

सी] मशीन को तुरंत बंद करो

डी] अधिक सटीकता के काम के टुकड़े का उत्पादन करें

127] एक्सट्रीम प्रेशर एडिटिव (EPA) को कटिंग फ्लुइड के साथ मिलाया जाता है ताकि इसकी शक्ति में सुधार किया जा सके।

ए] कूलिंग

बी] स्नेहन

डी] मशीनी सतह का उत्पादन

C] कटिंग जोन की सफाई

128] मशीन टूल्स में लुब्रिकेंट का उपयोग करने का मुख्य उद्देश्य है ------

ए] बनाने वाले हिस्सों को ठंडा करें

बी] मशीन टूल को गर्म होने से रोकें

सी] निकट संपर्क के लिए बनाने वाले हिस्सों को गीला करें

<u>डी] बनानेवालेहिस्सोंकेबीचघर्षणकोकमकरें</u>

129] निवारक रखरखाव है ....]

ए] रखरखाव में संवेदनशील उपकरणों का उपयोग शामिल है

बी] रखरखाव आमतौर पर ऑपरेटर द्वारा स्वयं किया जाता है

सी] काम तभी किया जाता है जब मशीन खराब हो जाती है

<u>डी] अप्रत्याशितटूटनेकोकमकरनेकीयोजना</u>

130] ब्रेक डाउन रखरखाव क्या है?

ए] अप्रत्याशित टूटने को कम करने के लिए रखरखाव

बी] रखरखाव आमतौर पर स्वयं ऑपरेटर द्वारा किया जाता है

सी] रखरखाव में खराब हो चुके हिस्सों को बदलना शामिल है

<u>D] मशीनखराबहोनेपरहीमरम्मतकार्यकियाजाताहै</u>

131] नियमित रखरखाव ------------- है

ए] अप्रत्याशित टूटने को कम करने के लिए यह नियोजित रखरखाव है

बी] इस प्रकार के रखरखाव में संवेदनशील उपकरण का उपयोग शामिल है

सी] यह मरम्मत का काम है जब मशीन खराब हो जाती है

<u>डी] इसप्रकारकारखरखावआमतौरपरऑपरेटरद्वारास्वयंकियाजाताहै</u>

132] अंकन के दौरान संदर्भ सतह किसके द्वारा प्रदान की जाती है...

ए] भूतल गेज

बी] वर्कपीस

सी] काम का चित्रण

डी] <u>तालिकाकीसतहकोचिह्नितकरना</u>

133] अंकन के दौरान संदर्भ सतह किसके द्वारा प्रदान की जाती है...

ए] भूतल गेज

बी] वर्कपीस

सी] काम का चित्रण

डी] <u>तालिकाकीसतहकोचिह्नितकरना</u>

134] सरफेस प्लेट्स किससे बनी होती हैं...

ए] उच्च ग्रेड कास्ट स्टील

बी] <u>महीनदानेवालाकच्चालोहा</u>

सी] मिश्र धातु स्टील्स

डी] गढ़ा लोहा

135] एंगल प्लेट के बिना मशीनी हिस्से पर पसलियों को दिया जाता है...

ए] आसान हैंडलिंग

बी] निर्माण में सुविधा

सी] मशीनों पर सेट करते समय क्लैंपिंग

डी] कठोरताऔरविरूपणकोरोकनेकेलिए

136] एंगल प्लेट पर स्लॉट किसके लिए दिए गए हैं...

ए] वजन कम करना

बी] काम को संरेखित करना

सी] हुक का उपयोग करके उठाना

डी] समायोजितबोल्ट।

137] कोण प्लेटों का आकार किसके द्वारा बताया गया है...

एक वजन

बी] लंबाई

सी] लंबाई x चौड़ाई

डी] आकारसंख्या

138] सिंगल पॉइंट कटिंग टूल का उपयोग करके लेड स्क्रू पिच वाले खराद पर 2.5 मिमी के स्क्रू थ्रेड को काटने के लिए आवश्यक गियर अनुपात है ----

ए] 1:2

बी] 2:1

सी] 1:1 मिमी

139] थ्रेडिंग टूल की 60◦ कोण की सटीकता के लिए a . का उपयोग करके जाँच की जाती है

ए] थ्रेड प्लग गेज

बी] केंद्रगेज

सी] पेंच पिच गेज

डी] उपकरण कोण गेज

140] प्रति इंच धागों की संख्या की जाँच a . से की जा सकती है

ए] टूल गेज

बी] गिनती द्वारा मीट्रिक नियम

सी] रिंग गेज

डी] पेंचपिचगेज

screw pitch gauge Screw Pitch Gauge

पेंच पिच गेज एनिमेशन और वीडियो

141] खराद के थ्रेडिंग टूल को 60° के कोण पर सटीकता के लिए जांचने के लिए किस गेज का उपयोग किया जाता है?

ए] पेंच पिच गेज

बी] थ्रेड प्लग गेज

सी] केंद्रगेज

डी] थ्रेड रिंग गेज

142] टूल मेकर के बटन का उपयोग के लिए किया जाता है

ए] गाइड के तरीकों में सुस्ती को समायोजित करें ओई क्रॉसस्लाइड

बी] उपकरण की ऊंचाई बदलें

C] बोरिंग के लिए काम को किसी दिए गए डेटा में संरेखित करें

डी] उपरोक्त में से कोई नहीं]

143] बोर और पेंच के बीच जगह की निकासी प्रदान की जाती है

ए] बटन की स्थिति बदलने के लिए

बी] बटन के आसान परिवर्तन के लिए

सी] झाड़ी चिकनाई के लिए

डी] बटन की आसान क्लैंपिंग के लिए]

144] आम तौर पर अनियमित आकार के भारी कार्यों पर बटन बोरिंग ऑपरेशन किए जाते हैं

ए] तीन जबड़े चक (सार्वभौमिक]

बी] फेसप्लेट

सी] केंद्रों के बीच

डी] चार जबड़े स्वतंत्र चक]

145] टूल मेकर के बटन ओटी बने हैं]

ए] प्लास्टिक

बी] कच्चा लोहा

सी] कठोर स्टील

डी] कांस्य]

146] सबसे छोटे माइक्रोमीटर के अंदर आस्तीन पर ग्रेजुएशन अंकित होता है

ए] 10 मिमी

बी] 12 मिमी

<u>सी] 13 मिमी</u>

डी] 25 मिमी

Inside Micrometer 1 Inside Micrometer

माइक्रोमीटर के अंदर एनिमेशन और वीडियो

147] मल्टीपल स्टार्ट थ्रेड को आउट करने के लिए इस्तेमाल की जाने वाली विधि है

ए] आगे और पीछे स्विच विधि

बी] आधा अखरोट विधि का प्रयोग करें]

<u>सी] फेस प्लेट और इंडेक्सिंग ड्राइव प्लेट विधि</u>

डी] अटैचमेंट विधि]

148] मल्टीपल स्टार्ट थ्रेड्स का उपयोग किया जाता है

ए] वाइस स्पिंडल

बी] खराद तकला

सी] मानक अखरोट

<u>डी] पेन कवर]</u>

149] फेस प्लेट के काम में संतुलन होता है

ए] गति बढ़ाने के लिए

बी] उपकरण पर दबाव कम करने के लिए

सी] <u>कामकेसमानरोटेशनकेलिए</u>

डी] एक अच्छा खत्म करने के लिए

150] एक फेस प्लेट को पकड़ने के लिए प्रयोग किया जाता है

ए] एक गोल काम

बी] एक समाप्त काम

सी] <u>एकअनियमितनौकरी</u>

डी] एक खोखली नौकरी

151] सरफेस प्लेट्स किससे बनी होती हैं...

ए] उच्च ग्रेड कास्ट स्टील

बी] <u>महीनदानेवालाकच्चालोहा</u>

सी] मिश्र धातु स्टील्स

डी] गढ़ा लोहा

152] एक अनियमित आकार के वर्कपीस को खराद पर घुमाया जाता है] निम्नलिखित में से किस वर्किंग एक्सेसरीज का उपयोग किया जाता है?

ए] दो जबड़े चक

बी] तीन जबड़े चक

सी] ड्राइविंग प्लेट

<u>डी] फेसप्लेट</u>

153] पसलियों को कोण प्लेट के बिना मशीन वाले हिस्से पर दिया जाता है...

ए] आसान हैंडलिंग

बी] निर्माण में सुविधा

सी] मशीनों पर सेट करते समय क्लैंपिंग

डी] <u>कठोरताऔरविरूपणकोरोकनेकेलिए</u>

154] एंगल प्लेट पर स्लॉट किसके लिए दिए गए हैं...

ए] वजन कम करना

बी] काम को संरेखित करना

सी] हुक का उपयोग करके उठाना

डी] <u>समायोजितबोल्ट</u>।

155] कोण प्लेटों का आकार किसके द्वारा बताया गया है...

एक वजन

बी] लंबाई

सी] लंबाई x चौड़ाई

डी] <u>आकारसंख्या</u>

156] फेस प्लेट के साथ उपयोग की जाने वाली सही कोण प्लेट कौन सी है

<u>(ए) ठोस प्रकार</u>

(बी) बॉक्स प्रकार

(सी) समायोज्य प्रकार

(डी) उनमें से कोई नहीं

157] फेस प्लेट किससे बनी होती है......]

(ए) हल्के स्टील

(बी) कास्ट आयरन

(सी) पीतल

(डी) एल्यूमिनियम

158] जब लेथ मशीन पर एंगल प्लेट का उपयोग किया जाता है तो कुछ वजन~ दूसरी तरफ क्लैंपिंग कहलाता है.....

(ए) पकड़ प्लेट

(बी) बैक प्लेट

(सी) फेस प्लेट

(डी) कोण प्लेट

159] वर्कपीस को एंगल प्लेट के फेस से चिपकाने के लिए ---------------- का उपयोग किया जाता है]

ए] चक

बी] सीक्लैंप

सी] धुरी

डी] वाइस

160] स्लॉट कोण प्लेट पर --------------- के लिए प्रदान किया जाता है

ए] बोल्टकोसमायोजितकरना

बी] कांटों के साथ लटका हुआ

सी] वजन कम करना

डी] काम को संरेखित करना

161] 'वी' ब्लॉक के खांचे का सम्मिलित कोण हमेशा होता है....

ए] 45◦

बी] 60◦

सी] 90◦

डी] 120◦

162] 'वी' ब्लॉक के ग्रेड में उपलब्ध हैं...

ए] एऔरबी

बी] ए, बी और सी

सी] 1,2 और 3

डी] 1 और 2

163] ग्रेड 'बी' के 'वी' ब्लॉक किससे बने होते हैं?

ए] कच्चालोहा

बी] हल्के स्टील

सी] स्टील

डी] कास्ट स्टील

164] सरफेस प्लेट्स किससे बनी होती हैं...

ए] उच्च ग्रेड कास्ट स्टील

बी] महीनदानेवालाकच्चालोहा

सी] मिश्र धातु स्टील्स

डी] गढ़ा लोहा

165] क्लैंप का उपयोग किस उद्देश्य के लिए किया जाता है...

ए] मशीन से मशीन तक सामग्री ले जाना

बी] कामकीआवाजाहीकोरोकना

सी] मशीनी घटकों पर खरोंच को रोकना

डी] शुद्धता बनाए रखना

166] एक छेद की ड्रिलिंग और रीमिंग के लिए इस्तेमाल की जाने वाली जिग बुश है...?

ए] फिट बुश दबाएं

बी] लाइनर बुश

सी] अक्षयझाड़ीपर्ची

डी] निश्चित अक्षय झाड़ी

167]शाफ्ट का वह भाग जो बेयरिंग में ले जाया जाता है ....

(ए) असर शरीर

(बी) आंतरिक दौड़

(सी) 0यूटर रेस

(डी) पिंजरे

168] झाड़ी के घूमने से रोकने के लिए प्लेन बेयरिंग के मामले में, बेयरिंग को इसमें लगाया जाना चाहिए.......]

(ए) वेल्डिंग

(उबाऊ

(सी) ब्रेजिंग

(डी) पेंच या चाबी

169] निम्नलिखित में से किस एक में लोडिंग बेयरिंग एक्सिस के समानांतर है?

(ए) ठोस असर

(बी) जोर असर

(सी) रोलर असर

(डी) स्वयं संरेखित झाड़ी असर

170]निम्नलिखित में से यह बीयरिंग हैं] दो हिस्सों में बने और विशेष प्लमर ब्लॉकों में इकट्ठे हुए?

(ए) ठोस असर

(बी) असर

<u>(सी) थूक असर</u>

(डी) समायोज्य ढक्कन असर

171]निम्नलिखित में से किस प्रकार के बेयरिंग की दौड़ में गोलाकार छिद्र होता है?

(ए) कोणीय संपर्क बॉल बेयरिंग

<u>(बी) सेल्फ अलाइनिंग बॉल बेयरिंग</u>

(सी) रोलर असर

(डी) थ्रश बॉल बेयरिंग

172] रोलर बेयरिंग में घर्षण कम होने का क्या कारण है?

<u>(ए) संपर्क क्षेत्र</u>

(बी) ग्रीस

(सी) साइटें

173] आवास में सीमित असर स्थान के कारण असर के बाहरी व्यास को गंभीर रूप से प्रतिबंधित करना आवश्यक है। असर का चयन करें।

(ए) बॉल बेयरिंग

(बी) रोलर असर

<u>(सी) सुई असर</u>

(डी) उपरोक्त में से कोई भी

174] उस बियरिंग का नाम जिसमें बाहरी दौड़ में बैरल के आकार के रोलर्स और गोलाकार छिद्र होते हैं?

<u>(ए) स्वयं संरेखित रोलर बीयरिंग</u>

(बी) रोलर असर

(सी) रोलर असर

(डी) सुई असर

175] एंटी-फ्लेक्शन बेयरिंग की दौड़ और रोलिंग तत्वों की सामग्री ....]

<u>(ए) क्रोमियम स्टील या क्रोम-निकल स्टील]</u>

(बी] स्टेनलेस स्टील]

(सी] कच्चा लोहा]

(डी) कांस्य

176]जब एंटी-फ्रिक्शन बेयरिंग को सीधे शाफ्ट में लगाया जाता है] इस हिस्से पर दबाव डाला जाना चाहिए.......]

(ए) आंतरिक दौड़

(बी) बाहरी दौड़

(सी) पिंजरा

(डी) रोलिंग तत्व

177]तेल स्नान या प्रेरण हीटिंग प्रक्रिया में असर का ताप तापमान]

(ए) (50 डिग्री सेल्सियस से 90 डिग्री सेल्सियस

(बी) 90 डिग्री सेल्सियस से 100 डिग्री सेल्सियस

(सी) 90 डिग्री सेल्सियस से 120 डिग्री सेल्सियस

(डी) 90 डिग्री सेल्सियस से 150 डिग्री सेल्सियस

178] रोलिंग संपर्क असर तापमान से अधिक गरम नहीं किया जाना चाहिए]

ए] 100 डिग्री सेल्सियस

बी] 120 डिग्री सेल्सियस

सी] 140 डिग्री सेल्सियस

डी] 150 डिग्री सेल्सियस

179] निम्नलिखित में से किस सामग्री की भार वहन करने की क्षमता कम है?

(ए) कैडमियम आधारित मिश्र धातु

(बी) सफेद धातु

(सी) लीड कांस्य

(डी) कच्चा लोहा

180] असर धातु के नाम की पहचान करें जो टिन आधारित या सीसा आधारित है?

ए] लीड कांस्य

बी] कॉपर लीड मिश्र धातु

सी] सफेद धातु

डी] पीतल

181]बुश बेयरिंग से बना है.....]

(ए) गन धातु / कांस्य

(बी) कच्चा लोहा

(सी) एल्यूमिनियम मिश्र धातु

(डी) उपरोक्त में से कोई नहीं

182] सामान्य नियम के अनुसार असर का तापमान .....] तापमान से अधिक नहीं होना चाहिए।

(ए) 60 डिग्री सेल्सियस से 70 डिग्री सेल्सियस]

(बी) 150 डिग्री सेल्सियस से 160 डिग्री सेल्सियस

(सी) 200 डिग्री सेल्सियस से 210 डिग्री सेल्सियस

(डी) 250 डिग्री सेल्सियस से 260 डिग्री सेल्सियस

183]निम्नलिखित में से कौन सी बेयरिंग मेटल बियरिंग उच्च तापमान पर काम करती है और अधिक भार वहन करती है?

(ए) विपर्यय

<u>(बी) कैडमियम आधारित मिश्र धातु</u>

(सी) एल्यूमिनियम मिश्र धातु

(डी) लीड कांस्य

184] सिंटरिंग प्रक्रिया द्वारा असर धातु बनाने का उद्देश्य है...

<u>(ए) धातु में सरंध्रता प्रदान करना</u>

(बी) ठोस संरचना बनाना

(सी) धातु की ताकत बढ़ाना

(डी) उपरोक्त में से कोई नहीं

185]निम्नलिखित में से किस सामग्री के बीयरिंग का उपयोग उन परिस्थितियों में किया जाता है जहां स्नेहन मुश्किल होता है?

(ए) कैडमियम आधारित मिश्र धातु

(बी) सीसा मिश्र धातु

<u>(सी) सरसों मिश्र धातु</u>

(डी) एल्यूमिनियम मिश्र धातु

186]निम्नलिखित में से किस सामग्री के बेयरिंग में स्नेहन की आवश्यकता नहीं होती है?

(ए) कच्चा लोहा]

<u>(बी) तरबूज</u>

(सी) सफेद धातु

(डी) एल्यूमिनियम मिश्र धातु

187]निम्नलिखित में से कौन सी असर वाली सामग्री हार्ड जर्नल के लिए सबसे अच्छी है?

(ए) कच्चा लोहा

(बी) तरबूज

(सी) लीड कांस्य

<u>(डी) एल्यूमिनियम मिश्र धातु</u>

188] निम्नलिखित में से कौन सा उपकरण काम करते समय टोल के लिए नौकरी और गाइड रखने के लिए उपयोग किया जाता है?

ए] गेज

बी] आवास

सी] जिगो

डी] स्थिरता

Fixture 1 Jig Fixture

स्थिरता एनिमेशन और वीडियो

189] निम्नलिखित में से कौन सा उपकरण केवल क्लैम्पिंग कार्य के लिए दिया गया है?

ए] जिगो

बी] स्थिरता

सी] आवास

डी] गेज

डिग्री सेल्सियस तक वेल्डिंग जॉब को फिक्स्ड या रिवॉल्विंग रखने के लिए किस उपकरण का उपयोग किया जाता है ?

ए] गेज

बी] खाका

सी] जिगो

डी] स्थिरता

191] जिग ड्रिलिंग की मुख्य चीजें मशीन टेबल के साथ क्लैम्पिंग नहीं है, कौन सा कारण सही है, निम्नलिखित दिया गया है?

ए]यहऑपरेशनकेलिएमजबूतहै

बी] यह ऑपरेशन के लिए आसान है

सी] काम पर ड्रिलिंग करते समय कई अलग-अलग आकार के छेद अलग-अलग सेटिंग से उत्पन्न होते हैं

डी] इस डिवाइस के लिए बहुत समय है

192] राउंड शेप जॉब लोकेशन के लिए कौन से स्थान सबसे उपयोगी हैं?

ए] पिन टाइप लोकेटर

बी] वेज टाइप लोकेटर

सी] वीलोकेटर

डी] समायोज्य स्टॉप लोकेटर

193] ड्रिलिंग जिग्स में बुशिंग का उपयोग करने के लिए कौन सा कारण सही है?

ए] ड्रिलिंग के लिए आसान

बी] निश्चित ड्रिल छेद आकार के लिए

सी] सटीकड्रिलिंगऑपरेशनकेलिए

डी] बेहतर फिनिश ड्रिलिंग होल के लिए

jig Jig Fixture

जिग एनिमेशन और वीडियो

194] जिग बुश के निर्माण के लिए धातु है...?

ए] माइल्ड स्टील

बी] कच्चा लोहा

सी] कास्ट स्टील

डी] उपकरणस्टील

195] निम्नलिखित झाड़ी को देखते हुए अक्षय झाड़ी का पता लगाने के लिए किस बस का उपयोग किया जाता है?

ए] फिट बुशिंग दबाएं

बी] रैखिकझाड़ी

सी] विशेष झाड़ी

डी] नर्ड बुशिंग

196] जिग में सहनशीलता है..?

ए] नौकरी सहिष्णुता के पांच वर्तमान

बी] नौकरी सहिष्णुता का दस प्रतिशत

सी] 20% से 50% नौकरीसहनशीलता

डी] 100% नौकरी सहनशीलता

197] बोर से लोकेशन के लिए निम्नलिखित में से किस जिग का उपयोग किया जाता है?

ए] प्लेट जिगो

बी] ठोस जिगो

सी] जिगोपोस्टकरें

डी] बॉक्स जिगो

198] ड्रिल प्लेट वाले किस जिग के बाद?

ए] ठोस जिगो

बी]प्लेटजिगो

सी] बॉक्स जिगो

डी] टेबल जिगो

199] फिक्सचर का उपयोग ...... के लिए किया जाता है।

(ए) जॉब ट्रूइंग

(बी) निर्देशित काटने के लिए

(सी) क्लैंपिंग के लिए

200] कोण स्थिरता ......] ° . पर बनाई जाती है

(ए) 90 डिग्री

(बी] 120 डिग्री

(सी) 45 डिग्री

(डी) 60 डिग्री

201]लेथ ऑपरेशन के लिए इसे यूएसई कहा जाता है

(ए) मिलिंग स्थिरता

(बी) स्थिरता मोड़ना

(सी) ड्रिलिंग स्थिरता

(डी) आकार देने की स्थिरता

202] सादे कार्बन स्टील को समान रूप से कम महत्वपूर्ण तापमान से ऊपर गर्म करना, ठोस समाधान के गठन की शुरुआत का कारण बनता है जिसे कहा जाता है...

ए] फेराइट

बी] पर्ललाइट

सी] ऑस्टेनाइट

डी] मार्टेंसाइट

203] आवश्यक गुण प्राप्त करने के लिए स्टील की संरचना को बदलने के लिए हीटिंग और कूलिंग की प्रक्रिया को कहा जाता है...

ए] हार्डनिंग

बी] गर्मीउपचार

सी] सामान्यीकरण

डी] तड़के

204] एनीलिंग का मुख्य उद्देश्य है

ए] कठोरता बढ़ाने के लिए

बी] क्रूरता बढ़ाने के लिए

सी] मशीनेबिलिटीमेंसुधारकरनेकेलिए

डी] विकृति को दूर करने के लिए

205] वह प्रक्रिया जो संरचना की एकरूपता के लिए और बेहतर यांत्रिक गुणों के लिए एक महीन दाने के उत्पादन में मदद करती है, कहलाती है...

ए] तड़के

बी] एनीलिंग

सी] हार्डनिंग

डी] सामान्यीकरण

206] निम्नलिखित में से कौन कार्बन और लोहे का मिश्र धातु है, जिसमें कार्बन संयुक्त अवस्था में है?

ए] स्टील

बी] गढ़ा लोहा

सी] कच्चा लोहा

डी] सुअर का लोहा

207] ठोस घोल बनाने के लिए लोहे में घुले कार्बन को कहा जाता है

ए] सीमेंटाइट

बी] फेराइट

सी] पर्ललाइट

डी] ऑस्टेनाईट

208] लोहे के साथ कार्बन का एक रासायनिक यौगिक कहलाता है...

ए] फेराइट

बी] पर्ललाइट

सी] सीमेंटाइट

डी] ऑस्टेनाईट

209] सीमेंटाइट और फेराइट मिलकर स्टील में एक लेमिनेटेड संरचना बनाएंगे जिसे कहा जाता है...

ए] मार्टेंसाइट

बी] मिश्र धातु इस्पात

सी] ऑस्टेनाइट

डी] पर्ललाइट

210] कार्बन स्टील में कार्बन की मात्रा में 0.83% से अधिक की वृद्धि आनुपातिक परिणाम देती है।

ए] लोच में कमी

बी]कठोरतामेंवृद्धि

सी] ताकत में वृद्धि

डी] लचीलापन में वृद्धि

211] निम्नलिखित में से कौन थर्मोप्लास्टिक्स है?

ए] फेनोलिक्स

बी] अमीनो

सी] एक्रिलिकराल

डी] पॉलीस्टर राल

212] निम्नलिखित में से कौन थर्मोसेटिंग प्लास्टिक श्रेणी के अंतर्गत आता है?

ए] सेल्युलोजिक्स

बी] नायलॉन

सी] एपॉक्सी

डी] पॉलीथीन

213]स्टील को सामान्य करने का उद्देश्य है ......

(ए) प्रेरित तनाव को दूर करें

(बी) मशीनेबिलिटी में सुधार

(सी) स्टील को नरम करें

(डी) कठोरता बढ़ाएं और भंगुरता कम करें

214]एक कार्बन स्टील के टुकड़े को 730 डिग्री सेल्सियस से ऊपर गर्म किया जाता है और कुछ घंटों के लिए उस तापमान पर रखा जाता है और फिर धीरे-धीरे ठंडा किया जाता है] कौन सी गर्मी उपचार प्रक्रिया की जाती है?

(ए) सामान्यीकरण

(बी) केस सख्त

(सी) सख्त

(डी) एनीलिंग

215] स्टील में कठोरता बढ़ जाती है और गर्मी उपचार ऑपरेशन द्वारा भंगुरता कम हो जाती है जिसे कहा जाता है ......

ए] एनीलिंग

बी] सामान्यीकरण

सी] तड़के

डी] केस हार्डनिंग

216]साइनाइडिंग और नाइट्रेटिंग .... के दो तरीके हैं।]

ए] हार्डनिंग

<u>बी] केस सख्त</u>

सी] तड़के

डी] अमोनाइजिंग

217] हल्के स्टील के पुर्जों की बाहरी सतह को किसके द्वारा कठोर किया जा सकता है...]

ए] तड़के

बी] सामान्यीकरण

<u>सी] हार्डनिंग</u>

डी] हार्डनिंग

218]नाइट्रेटिंग प्रक्रिया में NH3, गैस को .... पर पेश किया जाता है।

<u>ए] 500 डिग्री सेल्सियस 2 560 डिग्री सेल्सियस</u>

बी] 600 डिग्री सेल्सियस 3 650 डिग्री सेल्सियस

सी] 575 डिग्री सेल्सियस 3 600 डिग्री सेल्सियस

डी] 650 डिग्री सेल्सियस 3 700 डिग्री

219]हाई स्पीड स्टील को ...... पर टेम्पर्ड किया जाता है

ए] 220 डिग्री सेल्सियस 3 230 डिग्री सेल्सियस

बी] 280 डिग्री सेल्सियस '6 400 डिग्री सेल्सियस'

सी] 230 डिग्री सेल्सियस '3 270 डिग्री सेल्सियस'

<u>डी] 550 डिग्री सेल्सियस 3 600 डिग्री सेल्सियस</u>

220]उपकरण स्टील की सतह को सख्त करने के लिए निम्नलिखित में से किस प्रक्रिया का उपयोग किया जाता है?

ए] कार्बराइजिंग

बी] साइनाइडिंग

<u>सी] प्रेरण सख्त</u>

डी] हार्डनिंग

221] सख्त होने पर उच्च "माननीय स्टील का कम महत्वपूर्ण तापमान ...... है।

ए] 960 डिग्री सेल्सियस

बी] 900 डिग्री सेल्सियस

<u>सी] 723 डिग्री सेल्सियस</u>

डी] 560 डिग्री सेल्सियस

222] एचएसएस की अनुमानित कठोरता] मिलिंग कटर है ....

ए] 45एचआरसीए

बी] 52 एचआरसी

<u>सी] 62 एचआरसी</u>

डी] 75 एचआरसी

223]एनीलिंग का मुख्य उद्देश्य क्या है]

<u>ए] मशीनेबिलिटी में सुधार करने के लिए</u>

बी] चुंबकत्व में सुधार करने के लिए

सी] कठोरता बढ़ाने के लिए

डी] कठोरता बढ़ाने के लिए

224]निम्नलिखित में से कौन सा ठोस प्रारंभिक विद्रोह सामग्री है?

<u>ए] चारकोल</u>

बी] पेट्रोल

सी] अमोनिया

डी] मिट्टी का तेल

225] स्टील को आवश्यक तापमान पर गर्म करने के बाद सख्त करते समय इसे उस तापमान पर सामान्य रूप से भिगोने के समय के रूप में रखा जाता है]

<u>ए] 10 मिमी मोटाई के लिए 5 मिनट</u>

बी] 5 मिमी मोटाई के लिए 10 मिनट

सी] 2 मिमी मोटाई के लिए 20 मिनट

डी] 2 मिमी मोटाई के लिए 20 मिनट

226] एचएसएस को सख्त करने के लिए निम्नलिखित में से कौन सा शमन माध्यम प्रयोग किया जाता है] उपकरण?

पानी

बी] नमकीन घोल

<u>सी] तेल</u>

डी] सोडा वाटर

227] उच्च गति वाले स्टील उपकरण के लिए सख्त तापमान है ......

<u>ए] 1250 डिग्री सेल्सियस</u>

बी] 950 डिग्री सेल्सियस

सी] 850 डिग्री सेल्सियस

डी] 750 डिग्री सेल्सियस

228]निम्नलिखित में से कौन एक कठोर स्टील को तड़का लगाने का उद्देश्य है।

<u>ए] कठोरता को बढ़ाने के लिए</u>

बी] लचीलापन बढ़ाने के लिए

सी] कठोरता बढ़ाने के लिए

डी] कठोरता को कम करने के लिए

229]सामान्य करते समय स्टील को ठंडा किया जाना चाहिए....

<u>ए] स्थिर हवा से कमरे के तापमान में</u>

बी] तेल में

सी] मजबूर हवा में

डी] पानी में

230]निम्न कार्बन स्टील की सतह पर कार्बन प्रतिशत बढ़ने की प्रक्रिया को क्या कहते हैं?...

ए] हार्डनिंग

बी] मैनिंग

सी] कार्बराइजिंग

डी] तड़के

231]कठोर और तन्य कोर और कठोर बाहरी सतह के साथ एक घटक के उत्पादन की प्रक्रिया के रूप में जाना जाता है .....]

ए] हार्डनिंग

बी] केस सख्त

<u>सी] तड़के</u>

डी] एनीलिंग

232] स्टील को ऊपरी महत्वपूर्ण तापमान से लगभग 400C तक गर्म करने और इसे स्थिर हवा से कमरे के तापमान में ठंडा करने की प्रक्रिया को जाना जाता है .....

ए] हार्डनिंग

बी] एनीलिंग

<u>सी] सामान्यीकरण / अनाज चल रहा है</u>

डी] तड़के

233] निम्नलिखित में से कौन सी गर्मी उपचार प्रक्रिया घटक पर एक स्केल-फ्री सतह उत्पन्न करती है?

ए] फ्लेम हार्डनिंग

बी] केस हार्डनिंग

सी] सामान्यीकरण

<u>डी] प्रेरण सख्त</u>

234]विकर कठोरता परीक्षक के इंडेंटर का बिंदु कोण है.....]

ए] 120 डिग्री

बी] 130 डिग्री

<u>सी] 136 डिग्री</u>

डी] 140 डिग्री

235]रॉकवेल कठोरता परीक्षक के बी स्केल के लिए लोड रेंज ......

ए] 5 किग्रा से 120 किग्रा

<u>बी] 10 किग्रा से 100 किग्रा</u>

सी] 10 किग्रा0 से 150 किग्रा0

डी] 100 किग्रा से 3000 किग्रा

236] रॉकवेल कठोरता परीक्षण विधि के लिए '3' पैमाने में लागू किया गया प्रमुख भार 3 है...

ए] 300 किग्रा

बी] 15 किग्रा

सी] 120 किग्रा

<u>डी] 100 किग्रा</u>

237] माइनर और मेजर लोड के बीच रीडिंग में अंतर को ध्यान में रखा जाता है'......]

ए] ब्रिनेल एलएमआरडीएनलेस टेस्ट

<u>बी] रॉकवेल कठोरता परीक्षण</u>

सी] किनारे कठोरता परीक्षण

डी] विकर्स कठोरता परीक्षण

238] आवश्यक गुण प्राप्त करने के लिए स्टील की संरचना को बदलने के लिए हीटिंग और कूलिंग की प्रक्रिया को कहा जाता है

ए] हार्डनिंग

<u>बी] सामान्यीकरण</u>

सी] गर्मी उपचार

डी] तड़के

239] एनीलिंग का मुख्य उद्देश्य है

ए] कठोरता बढ़ाएं

बी] कठोरता बढ़ाएँ

<u>सी] मशीनेबिलिटीमेंसुधार</u>

डी] विरूपण में सुधार

240] स्टील को सामान्य करने का उद्देश्य __________ है

<u>ए] प्रेरिततनावकोदूरकरें</u>

बी] जीन में सुधार और भंगुरता को कम करें

सी] धातु को नरम करें

डी] सतह बढ़ाएँ?

241] बाहरी 5” एनीलिंग . को सख्त करने के लिए निम्नलिखित में से किस प्रक्रिया का उपयोग किया जाता है?

ए] हार्डनिंग

बी] तड़के

सी] केसहार्डनिंग

डी] आंसू सतह

242] टफ और डक्टआईआई कोर और हार्ड के साथ एक कंपोनेंट के उत्पादन के उद्देश्य के रूप में जाना जाता है....]

ए] हार्डनिंग

बी] केससख्त

सी] तड़के

डी] एनीलिंग

243] सख्त होने पर उच्च कार्बन स्टील का कम महत्वपूर्ण तापमान ---------- होता है

ए] 9600C

बी] 900 डिग्री सेल्सियस

सी] 7230 सी

डी] 56O सी

244] संरचना को बदलने और इस प्रकार हीटिंग और कूलिंग द्वारा गुणों को बदलने की प्रक्रिया के रूप में जाना जाता है -

ए] हीटट्रीटमेंट

बी] मिश्र धातु

सी] तड़के

डी] इनमें से कोई नहीं

245] अनाज की संरचना को परिष्कृत करने के लिए निम्नलिखित में से कौन सी ऊष्मा उपचार प्रक्रिया को अपनाया जाता है]

ए] एनीलिंग

बी] हार्डनिंग

सी] तड़के

डी] सामान्यीकरण

246] एनीलिंग लोहे और स्टील पर की जाती है ----------

ए] आंतरिक तनाव को दूर करने के लिए

बी] कठोरता को कम करने के लिए

सी] मशीनेबिलिटी में सुधार करने के लिए

डी] येसभी

247] निम्नलिखित में से कौन-सा एक ऊष्मा उपचार के चरणों में नहीं आता है?

ए] ताप

बी] सफाई

सी] शमन

डी] भिगोना

cnc lathe qr

cnc milling machine

<u>सीएनसीमशीनटेपपंच</u>

image

248] टेप पंच जिसमें 1 इंच चौड़ा टेप होता है, यह किसके द्वारा बनाया जाता है
ए] पेपर मायलारी
बी] एल्यूमिनियम माइलर
सी] प्लास्टिक
डी] सबसे ऊपर
249] पॉइंट टू पॉइंट पोजिशनिंग पोजिशनिंग सिस्टम में ....] स्वीकार्य है
ए] ओपन लूप कंट्रोल सिस्टम
बी] बंदलूपनियंत्रणप्रणाली
सी] दोनों के ऊपर
डी] उनमें से कोई नहीं
250] सीएनसी मशीन में ....
ए] लीड स्क्रू
बी] बॉललीडस्क्रू
सी] दोनों के ऊपर
डी] दोनों में से कोई नहीं
सीएनसीकार्यक्रमसमन्वय

image

251] उप कार्यक्रम का उद्देश्य है ....
ए] निर्देशांक XY Z खोजने के लिए।
बी] अन्य छोटी मशीन के लिए।

सी] उच्च गति की नौकरियों की सतह में उपकरण नाक उपकरण नाक प्रवेश काटने से बचने के लिए।

डी] जबकिविशेषस्थितिमेंनौकरीकीमशीनिंगप्रोग्रामब्लॉककेसमय-समयपरउपयोगनहींकरतेहैं।

252] जबकि xyz निर्देशांक बिंदु शून्य-माप मापते समय इसका क्या मतलब है

ए] संदर्भ चिह्न।

बी] काम शून्य

सी] समन्वय बिंदु

डी] सबसेऊपर

253] सीएनसी मशीन अक्ष द्वारा निर्दिष्ट ......

ए] 2 अक्ष

बी] 3 अक्ष

सी] 4 अक्ष

डी] सबसेऊपर

सीएनसीमशीनएक्सिस

image

254] सीएनसी मशीनों की Xyz अक्ष माप के लिए किस बिंदु का उपयोग किया जाता है।

ए] कार्यशून्यबिंदु

बी] मशीन जीरो पॉइंट

सी] सामान्य शून्य बिंदु

डी] सबसे ऊपर

255] निम्नलिखित में से कौन सा बिंदु सीएनसी मशीन में उपयोगी नहीं है।

ए] सीएनसी मशीन पर किए गए विभिन्न ऑपरेशन।

बी] निरीक्षण के लिए कम राशि।

सी] माप स्थापित करने के लिए कठिन।

डी] मशीनदक्षताऑपरेटरोंकेकौशलपरनिर्भरहै।

256] आवश्यक से पहले शून्य ऑफसेट के चयन के लिए............

ए] मशीन टेबल पर कटर तय किया गया है।

बी] डेटा मशीन में दर्ज किया गया।

C] मशीन टेबल पर जॉब फिक्स है।

डी] मशीनकेसंचालनसेपहलेआवश्यकगतिऔरफ़ीडचयन।

सीएनसीवर्कजीरोऑफसेटसेटिंग।

image

257] जीरो ऑफ़सेट प्रोग्राम में इंगित करता है ....] निम्नलिखित का कोड

ए] एक्स yz

बी] X0 y0 z00

सी] X10 Y20 Z30

डी] जी71

258] कार्य शून्य है

ए] नौकरी की स्थिति पर मशीन का डेटा शून्य।

बी] X0Y0Z0 द्वारा इंगित करें।

सी] कार्यक्रमकेअनुसारनौकरीपरबिंदुकाचयन।

डी] मशीनिंग बिंदु का अंत

259] एम कमांड का उपयोग ऑपरेशन शुरू करने और पूर्ण क्रांति चक्र एम03 मतलब के लिए किया जाता है।

ए] कार्यक्रम बंद करो।

बी] कार्यक्रम पूरा और रीसेट।

सी] कार्यक्रम को पूरा करें।

डी] धुरीदक्षिणावर्तगति।

सीएनसीमशीनस्नेहन

image cnc lubricating-unit

260] सीएनसी मशीन मैन्युअल रूप से संचालित नहीं है यह ...... द्वारा नियंत्रित है।
एककार्यक्रम
बी] ऑपरेशन
सी] कैम
डी] प्लग बोर्ड सिस्टम
261] सीएनसी मशीन में M13 का अर्थ है
ए] कूलेंट स्टॉप
बी] शीतलक चालू
सी] स्पिंडल स्टॉप
डी] कूलेंटऑनऔरस्पिंडलऑन
262] सीएनसी मशीन में पावर पैक का कार्य।
ए] स्नेहकगर्मीकेसंतुलनकेलिए।
बी] स्नेहक की बढ़ती गर्मी के लिए।
सी] स्नेहक की गर्मी को नष्ट करने के लिए।
डी] सबसे ऊपर।
सीएनसीमशीनबिस्तर।

image

263] सीएनसी मशीन बिस्तर का खंड है .....
फ्लैट
बी] आधा दौर

सी] आयताकार

डी] त्रिकोणीय

264] निम्नलिखित में से कौन सा कथन सीएनसी मशीन का नुकसान है।

ए] कम निरीक्षण शुल्क।

बी] कम टूलींग चार्ज।

सी] उत्पादन दर बढ़ाएँ।

डी] उच्चस्थापनाशुल्क।

265] पॉइंट टू पॉइंट सिस्टम किसके लिए अधिक प्रभावी है......

ए] टर्निंग

बी] प्रोफाइल मिलिंग

सी] पीस

डी] ड्रिलिंग

एनसीमशीनपरटूलसेटिंग।

image

266] एनसी मशीन पर टूल सेटिंग ......] यूनिट।

ए] प्रीसेटिंगडिवाइस।

बी] मशीन के बिना विशेष उपकरण ऑर्डर करें।

सी] एनसी मशीन पर अन्य खाली समय।

डी] जब अन्य ऑपरेशन मशीन पर काम कर रहे हों।

267] इस प्रणाली में अंतर्निर्मित निर्देशांक वाली प्रणाली को मापने के लिए...........] को शून्य स्थिति कहा जाता है।

ए] संदर्भ बिंदु।

बी] मशीन शून्य बिंदु।

C] वर्कजीरोपॉइंट

डी] प्रोग्राम जीरो पॉइंट।

268] प्रोग्राम के साथ सीएनसी मशीन 50 एमएम डाया टर्न ऑन जॉब टर्निंग ने कहा कि ट्रायल रन 50.1 एमएम प्रोडक्शन टाइम पर जिसके बाद आइडिया ने सही डाया मेकिंग

के लिए इस्तेमाल किया

ए] टूल 0.1 मिमी के ऑफसेट को बढ़ाकर।

बी] टूल 0.05 मिमी . के ऑफसेट को बढ़ाकर

सी] टूल 0.05 मिमी . कीकमीऑफसेटद्वारा

डी] उपकरण 0.1 मिमी . की कमी ऑफसेट द्वारा

सीएनसीखरादमशीननकल।

image

269] सीएनसी मशीन पर शून्य ऑफसेट मंद आयामों को मापने के लिए ...... मोड सेट है

ए] एमडीआई

बी] जोगो

सी] स्वचालित

डी] प्रीसेट

270] खराद की नकल करने की इकाई पर काम चल रहा है

ए] यांत्रिक शक्ति प्रणाली

बी] हाथ बिजली व्यवस्था

सी] हाइड्रोलिकपावरसिस्टम

डी] उनमें से कोई नहीं

271] न्यूमेटिक पावर सिस्टम के किस लाभ के बाद

ए] उत्पादन दर बढ़ाने के लिए।

बी] लेआउट के लिए कम नकद

सी] काम के लिए अच्छा माहौल

डी] सबसेऊपर

सीएनसीमशीनटेम्पलेट्सकासिद्धांत।

image

272] फेस कॉपी करने के लिए......] टाइप टेम्पलेट का प्रयोग किया जाता है
ए] गोलाकार
बी] प्लेट प्रकार
सी] फ्लैट
डी] त्रिकोणीय
273]............] सीएनसी मशीन का मुख्य सिद्धांत है?
ए] सभी राज्यों को संख्या में इंगित करें
बी] मशीन पर यांत्रिक नियंत्रण के लिए अधिक समय की आवश्यकता है।
सी] काटने की गति मैन्युअल नियंत्रण से अधिक है।
D] वर्कशॉपमेंप्रोडक्शनसीक्वेंसमशीनमेंब्लॉकनंबरद्वारास्टोरकियाजाताहै।
274] एक शाफ्ट की प्रतिलिपि के लिए......] टाइप टेम्पलेट का उपयोग किया जाता है।
ए] गोलाकार
बी] त्रिकोणीय
सी] फ्लैट्स
डी] स्क्वायर
सीएनसीप्रोग्रामटूलपथ।

image

275] सतत पथ के लक्षण है
ए] गिनती प्रणाली कहा जाता है।
बी] अंतर संबंधित गति के लिए समन्वय अक्ष पर उपकरण और कार्य टुकड़ा।

सी] कटर फ़ीड और गति की सेटिंग द्वारा

<u>डी] सबसेऊपर</u>

276] विविध कमांड एम30 का अर्थ है ....

<u>ए] कार्यक्रमकाअंतऔररीसेट</u>

बी] प्रोग्राम स्टॉप

सी] धुरी की दक्षिणावर्त गति

डी] कार्यक्रमों को पूरा करें

277] जिसके बाद मिलिंग सतह पर असर पड़ता है जबकि अनसेटिंग स्पिंडल वर्टिकल मिलिंग मशीन के साथ मिलिंग द्वारा अनुदैर्ध्य फ़ीड।

ए] उत्तल सतह

<u>बी] अवतलसतह</u>

सी] त्रिज्या क्रॉस लाइन

डी] किसी न किसी सतह

<u>सीएनसीमिलिंगऑपरेशन]</u>

image

278] वर्टिकल मिलिंग मशीन द्वारा 12 एमएम डाया एंड मिल कटर थ्रू स्लॉट के साथ मिलिंग करते समय माइल्ड स्टील प्लेट पर कटर सो जाता है और इस गलती के लिए टूट जाता है कि इससे कैसे बचा जाए।

ए] हाई स्पीड स्पिंडल

बी] कम काटने की गति

सी] कट गहराई में वृद्धि

<u>डी] कटरकीगहराईऔरफ़ीडकम</u>

279] पेंच की 5 मिमी पिच और 40 : 1 के विभाजन अनुपात वाले मिलिंग मशीन की सीसा क्या है

ए] 0.25 मिमी

बी] 5 मिमी

सी] 8 मिमी

डी] 200 मिमी

280] यदि बैकलैश एलिमिनेटर स्लैप कटर का उपयोग डाउन मिलिंग ऑपरेशन के लिए नहीं किया जाता है तो किस सुरक्षा का ध्यान रखना चाहिए?

ए] कमसीसाऔरगहराई

बी] उच्च नेतृत्व

सी] उच्च सीसा और कम गहराई

डी] उच्च नेतृत्व और उच्च गति

सीएनसीमशीनशून्यऔरफ़ीडदर।

cnc machine zero.PNG

281] ज़ीरो ऑफ़सेट के बीच की दूरी है......] और.........

ए] जी41 और जी42

B] मशीनजीरोऔरवर्कजीरो

सी] संदर्भ बिंदु और टैपिंग मोड

डी] उनमें से कोई नहीं

282] फ़ीड दर को जी के साथ मिमी प्रति मिनट के रूप में क्रमादेशित किया गया है ....] और मिमी प्रति-क्रांति जी के साथ।

ए] जी41 और जी42

बी] जी 43 और जी 40

सी] जी 94 औरजी95

डी] उनमें से कोई नहीं

283] सीएनसी कंट्रोल यूनिट में सभी निर्देशों को एकत्र करने के लिए.......]

एकयाद

बी] टेप रीडर

सी] नियंत्रण कक्ष

डी] ऑपरेटर

सीएनसीड्रिलिंगमशीन।

cnc drilling machine.jpg

284] सीएनसी ड्रिलिंग मशीन y अक्ष के आगे और पीछे नियंत्रण के लिए ....
ए] स्पिंडल
बी] टेबल
सी] दक्षिणावर्त
डी] कॉलम
285] एम 01 कमांड का मतलब .....
ए] कार्यक्रमों को रोकने के लिए
बी] कार्यक्रम का अंत और रीसेट
सी] कार्यक्रमकीस्थितिकोरोकना
डी] मशीन स्पिंडल के दक्षिणावर्त रोटेशन
286] सीएनसी मशीन की स्थापना अमेरिकी वैज्ञानिक जॉन पर्सन ने ......] वर्ष . में की है
ए] 1950
बी] 1952
सी] 1955
डी] 1957
सीएनसीनियंत्रण, इनपुटऔरमेमोरीयूनिट।

cnc control.jpg

287] सीएनसी मशीन को नियंत्रित करने के लिए प्रयुक्त इकाई का नाम।
ए] नियंत्रण इकाई
बी] मेमोरी यूनिट
सी] इनपुटयूनिट

डी] आउटपुट यूनिट

288] सीएनसी मशीन में डेटा को संसाधित करने के लिए प्रयुक्त इकाई का नाम।

ए] मेमोरी यूनिट

<u>बी] नियंत्रणइकाई</u>

सी] इनपुट यूनिट

डी] आउटपुट यूनिट

289] सीएनसी मशीन में डेटा को स्टोर करने के लिए प्रयुक्त इकाई का नाम।

ए] इनपुट यूनिट

बी] नियंत्रण इकाई

<u>सी] मेमोरीयूनिट</u>

डी] आउटपुट यूनिट

<u>सीएनसीमशीनमेंसर्वोमोटर।</u>

servo motor.jpg cnc spindle-motor

290] सीएनसी मशीन में डेटा की गणना के लिए प्रयुक्त इकाई का नाम।

ए] आउटपुट यूनिट

<u>बी] अंकगणितइकाई</u>

सी] मेमोरी यूनिट

डी] इनपुट यूनिट

291] सीएनसी मशीन में प्रसंस्करण डेटा के परिणाम प्रदर्शित करने के लिए प्रयुक्त इकाई का नाम

ए] अंकगणित इकाई

<u>बी] आउटपुटयूनिट</u>

सी] मेमोरी यूनिट

डी] इनपुट यूनिट

292] सीएनसी मशीन में सर्वो मोटर का उपयोग .... के लिए किया जाता है।

ए] मशीन स्पिंडल पर टूल बदलना

<u>बी] ड्राइविंगमशीनस्पिंडल</u>

सी] मशीन स्पिंडल पर फिक्सिंग जॉब

डी] धुरी पर काम साबित करना

सीएनसीमशीनकेप्रकार।

types of cnc.jpg

293] सीएनसी मशीन के नीचे के हिस्से में से एक धुरी पर उपकरण बदलने के लिए प्रयोग किया जाता है।

ए] सर्वो मोटर

बी] नियंत्रण कक्ष

सी] स्वचालितउपकरणपरिवर्तकएटीसी

डी] हाई स्पीड स्पिंडल

294] सीएनसी मिलिंग श्रेणी में निम्न में से एक सीएनसी मशीन है.......

ए] चकिंग सेंटर

बी] सीएनसी देर से

सी] लंबवतमशीनिंगकेंद्र

डी] सतह पीसने की मशीन

295] टर्निंग सेंटर या सीएनसी खराद श्रेणी में निम्न में से एक सीएनसी मशीन है.......

ए] लंबवत मशीनिंग केंद्र

बी] क्षैतिज मशीनिंग केंद्र

सी] लंबवतमोड़केंद्र

डी] प्रोफाइल पीसने की मशीन

सीएनसीमशीनकेलिएविविधकार्य।

miscellaneous function.jpg

296] ग्राइंडिंग सेंटर श्रेणी में निम्न में से एक सीएनसी मशीन है.....
ए] यूनिवर्सल मिलिंग सेंटर
<u>बी] बेलनाकारपीसनेकीमशीन</u>
सी] सीएनसी देर से
डी] लंबवत मशीनिंग केंद्र

Grinding wheels 1 bench grinder-wheel

पीस व्हील एनिमेशन और वीडियो

297] सीएनसी मशीन प्रोग्रामिंग में शब्द एम इंगित करता है
ए] फ़ीड दर
बी] धुरी गति
<u>सी] विविधकार्य</u>
डी] टूल नंबर

298] सीएनसी मशीन प्रोग्रामिंग तैयारी समारोह में G00 के लिए है.....
<u>ए] रैखिकइंटरपोलेशन</u>
बी] दक्षिणावर्त वृत्ताकार प्रक्षेप
सी] काउंटर क्लॉकवाइज सर्कुलर इंटरपेलेशन
डी] होल्ड

सीएनसीमशीनकेलिएप्रारंभिककार्य।

preparatory function.jpg

299] सीएनसी मशीन प्रोग्रामिंग तैयारी समारोह में G02 के लिए है.....

ए] रैखिक इंटरपोलेशन

बी] दक्षिणावर्तवृत्ताकारप्रक्षेप

सी] काउंटर क्लॉकवाइज सर्कुलर इंटरपेलेशन

डी] होल्ड

300] बोलो तैयारी समारोह में से एक जी 00 का उपयोग सीएनसी कार्यक्रम में .... के लिए किया जाता है

ए] रैखिक अंतर्वेशन या सीधी रेखा में फ़ीड गति।

बी] दक्षिणावर्त वृत्ताकार प्रक्षेप

सी] पॉइंटटूपॉइंटपोजिशनिंगयारैपिडमोशन।

डी] काउंटर क्लॉकवाइज सर्कुलर इंटरपेलेशन

301] 3डी इंटरपेलेशन के लिए सीएनसी प्रोग्राम में उपयोग किए जाने वाले बोलो प्रिपरेटरी फंक्शन में से एक

ए] जी 05

बी] जी12

सी] जी17

डी] जी18

सीएनसीमशीनपरथ्रेडिंगऔरटैपिंग।

threading & tapping on cnc.jpg

302] थ्रेड कटिंग निरंतर लीड के लिए सीएनसी प्रोग्राम में आपके द्वारा उपयोग किए जाने वाले बलो तैयारी में से एक

ए] जी33

बी] जी40

सी] जी 53

डी] जी 62

303] टैपिंग ऑपरेशन के लिए सीएनसी प्रोग्राम में उपयोग किए जाने वाले बोलो तैयारी समारोह में से एक।

ए] जी-40

बी] जी 53

सी] जी 62

डी] जी 63

304] मिलिंग ऑपरेशन के लिए सीएनसी कार्यक्रम में उपयोग किए जाने वाले निम्न प्रारंभिक कार्य में से एक।

ए] जी 62

बी] जी 63

सी] जी 78, 79

डी] जी81

सीएनसीमशीनपरड्रिलिंग, बोरिंगऔररीमिंग

drilling boring & reaming.jpg

305] ड्रिलिंग ऑपरेशन के लिए सीएनसी प्रोग्राम में इस्तेमाल किए जाने वाले बोलो प्रिपरेटरी फंक्शन में से एक।

ए] जी 81

बी] जी 82

सी] जी 84

डी] जी 85

306] रीमिंग ऑपरेशन के लिए सीएनसी प्रोग्राम में उपयोग किए जाने वाले बोलो तैयारी समारोह में से एक।

ए] जी 84

बी] जी 85

सी] जी 86

डी] जी 90

307] बोरिंग ऑपरेशन के लिए सीएनसी कार्यक्रम में उपयोग किए जाने वाले निम्न प्रारंभिक कार्य में से एक।

ए] जी 86

बी] जी 90

सी] जी 91

डी] जी 92

सीएनसीकार्यक्रमअनुक्रमसंख्या।

cnc program sequence.png

308] सीएनसी प्रोग्राम में ब्लॉक के क्रमांक को दर्शाने के लिए किस अक्षर का प्रयोग किया जाता है

एक

बी] जी

सी] एफ

डी] एस

309] सीएनसी प्रोग्राम में रैखिक अक्ष की स्थिति को इंगित करने के लिए किस अक्षर का उपयोग किया जाता है

ए] एबीसी

बी] यूवीडब्ल्यू

सी] एक्सवाईजेड

डी] आईजेके

310] फ़ीड दर के लिए सीएनसी कार्यक्रम में प्रयुक्त नीचे दिए गए अक्षरों में से एक जैसा

बी] एफ

सी] टी

डी] एम

सीएनसीमशीनमेंटूलचेंजऔरस्पिंडलस्पीड।

cnc milling
tool change i cnc.jpg atcautomatic-tool-changer-atc

एटीसी स्वचालित उपकरण परिवर्तक एनिमेशन और वीडियो

311] आरपीएम में स्पिंडल स्पीड के लिए सीएनसी प्रोग्राम में इस्तेमाल किए गए निम्न अक्षरों में से एक

हूँ

बी] टी

सी] एस

डी] एफ

312] सीएनसी प्रोग्राम में टूल के टूल फंक्शन नंबर को दर्शाने के लिए किस अक्षर का प्रयोग किया जाता है?

पर

बी] एस

से। मी

डी] एफ

313] सीएनसी प्रोग्राम में प्रोग्राम को रोकने के लिए किस विविध कार्य का उपयोग किया जाता है

ए] एम03

बी] M00

सी] M01

डी] एम02

सीएनसीमशीनतकलादिशा।

cnc machine spindle direction.png

314] नीचे दिए गए विविध कार्यों में से एक वैकल्पिक स्टॉप को प्रोग्राम करने के लिए उपयोग किया जाता है

ए] एम 01

बी] एम 02

सी] एम 03

डी] एम 04

315] सीएनसी कार्यक्रम में विविध कार्य M02 का उपयोग किया जाता है......

ए] प्रोग्रामस्टॉप

बी] वैकल्पिक कार्यक्रम बंद करो

सी] कार्यक्रम का अंत

डी] क्लॉकवाइज स्पिंडल ऑन

316] सीएनसी कार्यक्रम में विविध कार्य M03 का उपयोग ...... के लिए किया जाता है।

ए] काउंटर क्लॉकवाइज स्पिंडल ऑन

बी] दक्षिणावर्तधुरीपर

सी] स्पिंडल ऑफ

डी] उपकरण परिवर्तन

सीएनसीमशीनमेंशीतलक।

coolant in cnc machine.jpg

cnc coolant-pump

सीएनसी कूलेंट पंप एनिमेशन और वीडियो

317] स्पिंडल स्टॉप के लिए सीएनसी प्रोग्राम में उपयोग किए जाने वाले विविध कार्यों में से एक।

ए] एम04

<u>बी] एम05</u>

सी] एम06

डी] एम07

318] सीएनसी प्रोग्राम में टूल्स चेंज के लिए किस विविध फ़ंक्शन का उपयोग किया जाता है

<u>ए] एम06</u>

बी] एम07

सी] M09

डी] एम 10

319] शीतलक के लिए सीएनसी कार्यक्रम में उपयोग किए जाने वाले निम्न विविध कार्यों में से एक

<u>ए] एम08</u>

बी] M09

सी] एम 10

डी] एम 11

सीएनसीमशीनपरनौकरीकोजकड़ना।

clamping the job on cnc.jpg

320] कूलेंट ऑफ के लिए उपयोग किए जाने वाले सीएनसी प्रोग्राम में नीचे दिए गए विविध कार्यों में से एक

ए] एम 11

बी] एम 10

सी] एम 9

डी] एम 15

321] सीएनसी प्रोग्राम में मशीन टेबल पर जॉब को क्लैंप करने के लिए किस विविध फ़ंक्शन का उपयोग किया जाता है।

ए] M09

बी] एम 10

सी] एम 11

डी] एम 15

322] सीएनसी प्रोग्राम में नीचे दिए गए विविध कार्यों में से एक का उपयोग नौकरी को खोलने के लिए किया जाता है

ए] एम 11

बी] एम 15

सी] एम 30

डी] एम 60

सीएनसीमशीनमेंवर्कपीसचेंज।

workpice change in cnc.jpg

323] सीएनसी प्रोग्राम में वर्कपीस के परिवर्तन के लिए किस विविध फ़ंक्शन का उपयोग किया जाता है

ए] एम 30

<u>बी] एम 60</u>

सी] एम68

डी] एम78

324] सीएनसी मशीन पर शून्य ऑफ-सेटिंग के लिए मशीन .... है।

<u>ए] एमडीआईमोडमें</u>

बी] जॉग मोड में

सी] स्वचालित मोड में

डी] वर्तमान मोड में

325] एनसी मशीन पर फ़ीड दर ...... कोड द्वारा इंगित की जाती है।

ए] एक्स

द्वारा

<u>सी] एफ</u>

डी] ज़ू

<u>सीएनसीमशीनएक्सिसस्थिति]</u>

cnc machine axis position.jpg

326] अक्ष की स्थिति ....कोड द्वारा इंगित की जाती है।

<u>ए] एक्स, वाई, जेड</u>

बी] पी, क्यू, आर

सी] ए, बी, सी

डी] एम, एन, ओ

327] सीएनसी ड्रिलिंग मशीन चालू है.......एक्सिस प्रोग्राम किया गया।

ए] दो अक्ष

बी] तीन अक्ष

सी] चार अक्ष

डी] छहअक्ष

328] सीएनसी की कंट्रोल यूनिट में ....यूनिट से निर्देश एकत्र करें

ए] मशीन टूल

बी] निर्देश

सी] चुंबकीय बॉक्स

डी] मेमोरी

सीएनसीमशीनकाकार्यग्राफ]

working graph of cnc machine.jpg

329] एनसी मशीन का टेप तैयार करने के लिए---------- कोड का उपयोग किया जाता है।

ए] ईआईएकोड

बी] आईएसओ कोड

सी] एएससी कोड

डी] उनमें से कोई नहीं।

330] सीएनसी मशीन कन्वेंशन मशीन की तुलना में अधिक सटीक उत्पादन देती है, लेकिन यह अधिक महंगा है क्योंकि।

ए] इसमें एसी केबिन है

B] इसमेंडस्टप्रूफकेबिनहै

सी] इसकी मजबूत नींव है

डी] इसमें अधिक जगह है

331] सीएनसी मशीन ग्राफिकल बेस द पॉइंट ऑन डिजिटल लाइन पर काम कर रही है, संकेतित डिजिटल पॉइंट कॉल ....।

एक ग्राफ

बी] इनपुट मीडिया

सी] समन्वय

डी] मूल बिंदु

<u>सीएनसीमशीनमेंएक्सिसरोटरीमोशन]</u>

axis rotary motion in CNC.png

332] अनुदैर्ध्य फ़ीड के लिए सीएनसी मशीन पर.......अक्ष, क्रॉस फीड......अक्ष और ऊर्ध्वाधर फ़ीड के लिए........अक्ष नाम दिया गया है।

ए] ए, बी, सी

<u>बी] एक्स, वाई, जेड</u>

सी] पी, क्यू, आर

डी] एम, एन, ओ

333] रोटरी गति के लिए सीएनसी मशीन अक्ष में .... नाम दिया गया है।

<u>ए] ए, बी, सी</u>

बी] एक्स, वाई, जेड

सी] पी, क्यू, आर

डी] एम, एन, ओ

334] सीएनसी मशीन का मतलब ......

ए] प्राकृतिक नियंत्रण मशीन

बी] वायवीय नियंत्रण मशीन

<u>सी] संख्यात्मकनियंत्रणमशीन</u>

डी] नो कमांड मशीन

335] इंटरचेंज क्षमता गुण प्रदान करने के लिए .....] द्वारा बनाए गए भागों का आकार]

(ए) मापन प्रणाली

(बी) परीक्षण और त्रुटि प्रणाली

<u>(सी) सीमा और सहिष्णुता प्रणाली</u>

(डी) उनमें से कोई नहीं

limit fit tolarance 1

limit fit tolerance

फिट सहनशीलता को सीमित करें एनिमेशन और वीडियो

336] गुणवत्ता नियंत्रण के लिए बड़े पैमाने पर उत्पादन में उत्पादन निर्माण होता है ......

(ए) शून्य दोष

(बी] विधि का प्रयास करें]

(सी) परीक्षण और त्रुटि

(डी) सीमा आकार में

337] इंटरचेंज क्षमता के लिए उपयोग कर रहा है......]

(ए) रखरखाव के लिए

(बी) बड़े पैमाने पर उत्पादन के लिए

(सी) सिंगल पीस मैन्युफैक्चरिंग के लिए

(डी) परीक्षण और त्रुटि विधि के लिए

338] बड़े पैमाने पर उत्पादन में इंटरचेंज क्षमता हासिल करने के लिए निम्नलिखित में से कौन सा महत्वपूर्ण कारक आवश्यक है?]

ए] ज्यामितीय सटीकता]

बी] मानकीकरण

सी] आयामीसटीकता

डी] सतह खत्म

339] आम तौर पर विनिमय क्षमता के लिए आवेदन किया जाता है? _

ए] भागों की मरम्मत

बी] बड़ेपैमानेपरउत्पादन

सी] एकल टुकड़ा उत्पादन

डी] ये सभी

340] निरीक्षण का उद्देश्य:

दोषपूर्ण घटकों का पृथक्करण

बी अस्वीकृति की अनुरूपता

<u>सी अस्वीकृति की रोकथाम</u>

डी बिक्री गुणवत्ता वाले सामान]

341] गुणवत्ता के लिए कौन जिम्मेदार है?

डिजाइनर

<u>बी इंस्पेक्टर</u>

सी ऑपरेटर

डी बीमार]

342] एक विफलता लागत रिपोर्टिंग प्रणाली का उपयोग किया जाता है

ऑपरेटरों के लिए एक प्रोत्साहन

बी सूची नियंत्रण

सी डिजाइन में कमजोर बिंदुओं का पता लगाना

<u>डी उत्पादन में कमजोर स्थानों का पता लगाना]</u>

343] स्टॉप और ट्रिप का उपयोग के लिए किया जाता है

<u>मापने और नापने में कम से कम देरी</u>

B टूल सेट करने में होने वाली देरी को कम करें

सी आवश्यक उपकरणों की संख्या कम करें

डी काम सेट करने के लिए आवश्यक समय कम करें]

344] सरफेस फिनिश शब्द का अर्थ है...

A] मशीनी सतह का चमकना

बी] सतह पर दी गई कोटिंग का प्रकार

सी] सतह पर दिया गया गर्मी उपचार

डी] <u>सतहकीखुरदरापनयाचिकनाई</u>

345] जिस उद्देश्य के लिए लैपिंग ऑपरेशन किया जाता है ---

ए] सतह खत्म को परिष्कृत करने के लिए]

बी] फिट की गुणवत्ता में सुधार करने के लिए

सी] ज्यामितीय सटीकता में सुधार करने के लिए,

<u>डी] उपरोक्तसभी</u>

346] निम्नलिखित में से कौन सी एक कोल्ड वर्किंग प्रक्रिया है जिसके द्वारा धातु को हटाए बिना सतह की फिनिश, आयामी सटीकता और वर्क हार्डनिंग में सुधार प्रभावित किया जा सकता है?

<u>ए] जलरहाहै</u>

बी] होनिंग
सी] लैपिंग _
डी] सुपर फिनिशिंग
347] ऑनिंग प्रोसेस में, स्पिंडल की गति होती है ---' ------------
ए] लंबवतऔरपारस्परिक
बी] पारस्परिक
सी] लंबवत
डी] क्षैतिज और पारस्परिक
348] एलटी क्या प्रक्रिया को अपघर्षक छड़ी का उपयोग करके किया जाता है?
ए] लैपिंग बी] ऑनिंग
सी] सुपर फिनिशिंग 'डी] बर्निशिंग

औद्योगिक प्रशिक्षण संस्थान
मासिक टेस्ट-1, अंक- 20, दिनांक:- ___________________
(प्रत्येक प्रश्न दो अंक का होता है)

1-1] निर्माणकेअनुसारलेथकितनेप्रकारकेहोतेहैं?
दो
बी] तीन
सी] चार
डी] पांच
2-2] सेंटरलेथकितनेप्रकारकेहोतेहैं?
दो
बी] तीन
सी] चार
डी] पांच
3-3] खरादकितनेप्रकारकेहोतेहैं?
दो
बी] तीन
सी] चार
डी] पांच
4-4] रोलरलेथकिसप्रकारकाखरादहै?
ए] बेंच खराद
बी] विशेष खराद
सी] उत्पादन खराद
डी] केंद्र खराद

5-5] बड़ेपैमानेपरउत्पादनकेलिएकिसमशीनकाउपयोगकियाजाताहै?

ए] केंद्र खराद

बी] उत्पादन खराद

सी] विशेष खराद

डी] इंजन खराद

6-6] अधिकसटीककार्यकेलिएकिसखरादकाप्रयोगकियाजाताहै?

ए] केंद्र खराद

बी] विशेष खराद

सी] उत्पादन खराद

डी] टूल रूम लेथ

7-7] टूल रूम लेथ की सटीकता है...]से लेकर कंपियर सेंटर लेथ तक।]

(एक कम

(बी) अधिक

(सी) बहुत कम

(डी) समान

8-8] लोकोमोटिव में एक्सल के साथ असेंबल व्हील चालू हो रहा है ...... खराद

(ए) केंद्र खराद

(बी) टूल रूम लेथ

(सी) व्हील लेथ

(डी) गैप बेड लेथ

9-9] ढलवांलोहेकाउपयोगमशीनबिस्तरोंकेनिर्माणकेलिएकियाजाताहैक्योंकि -------

ए] यह अधिक संपीड़न तनाव का विरोध कर सकता है

बी] यह वजन में भारी है

C] यह सस्ती धातु है

D] यह एक भंगुर धातु है

10-10] निम्नमेंसेकौनसाऑपरेशनसेंटरलेथपरनहींकियाजासकताहै?]

ए] टर्निंग

बी] धागा काटना

सी] गियर काटना

डी] टेपर टर्निंग

औद्योगिक प्रशिक्षण संस्थान

मासिक टेस्ट -2, अंक- 20, तिथि:- _______________

(प्रत्येक प्रश्न दो अंक का होता है)

1-20] इसउद्देश्यकेलिएकियागयाफॉर्मटर्निंग....?

ए] आकर्षक नौकरी के लिए

बी] बड़ी सामग्री काटने के लिए

सी] बेहतर परिष्करण के लिए

D] नौकरी में सबसे छोटी कटौती के लिए

2-21]

फॉर्मटर्निंगकेबड़ेपैमानेपरउत्पादनकेलिएकिसप्रकारकेधातुउपकरणकाउपयोगकियाजाताहै?

ए] एचएसएस]

बी] एचसीएस]

सी] कार्बाइड

डी] सीमेंटाइट

3-22] टेम्पलेटक्याहै?

ए] काटने के संचालन में से एक

बी] फॉर्म टर्निंग में से एक

सी] नौकरी का एक ही आंकड़ा

डी] उपकरण में से एक

4-23] किसउद्देश्यसेटेम्प्लेटकाउपयोगकियाजाताहै?

ए] अंकन और जांच के लिए

बी] थ्रेडिंग के लिए

सी] मोड़ के लिए

डी] मापने के लिए

5-24] टेम्प्लेटबनानेकेलिएकिससामग्रीकाउपयोगकियाजाताहै?

ए] एचसीएस] प्लेट

बी] विशेष उपकरण स्टील

सी] पीतल या तांबा

डी] जीआई] शीट या एमएस] पतली शीट

6-25] --------------- घटककेआकारकीजांचकेलिएप्रयोगकियाजाताहै

टेम्पलेट

बी] स्नैप गेज

सी] उपकरण

डी] साइन बार

7-26] डायल टेस्ट इंडिकेटर माप को इस प्रकार दिखाता है...

ए] घटक का वास्तविक आकार

बी] 5 मिमी . के दो चरणों के बीच का अंतर

सी] एक सूचक के माध्यम से आकार में आवर्धित छोटे बदलाव

डी] आयाम का प्रत्यक्ष पठन

8-27] डायल टेस्ट इंडिकेटर के काम करने का सिद्धांत है

एक रैखिक गति को स्लॉटेड लिंक का उपयोग करके पारस्परिक गति में परिवर्तित किया जाता है

बी रैखिक गति को रैक और पिनियन का उपयोग करके रोटरी गति में परिवर्तित किया जाता है

सी लेंस का उपयोग करके छोटे बदलाव का आवर्धन

इलेक्ट्रॉनिक माध्यमों से डी आवर्धन:

9-28]

बाहरीव्यासकीसांद्रताकीजांचकेलिएनिम्नलिखितमेंसेकिसउपकरणकाउपयोगकियाजाताहै...?

ए] बाहरी माइक्रोमीटर

बी] डायल टेस्ट इंडिकेटर

सी] वर्नियर कैलिपर

डी] कॉलिपर डायल करें

10-29] डायलटेस्टइंडिकेटरकेप्लंजरकीरेखीयगतिकोपॉइंटर कीरोटरीगतिमेंबदलनेकेलिएनिम्नलिखितमेंसेकिसतंत्रकाउपयोगकियाजाताहै....?

ए] पेंच धागा तंत्र

बी] त्वरित वापसी तंत्र

सी] रैक और पिनियन तंत्र

डी] हाइड्रोलिक तंत्र

औद्योगिक प्रशिक्षण संस्थान

मासिक टेस्ट-3, अंक- 20, दिनांक:- ____________________

(प्रत्येक प्रश्न दो अंक का होता है)

1-40] निम्नलिखितमेंसेकौनसाफ्रंटक्लीयरेंसएंजेलहै?

ए] फ्रंट क्लीयरेंस एंगल

बी] कील कोण

सी] कोण काटना

डी] बैक रेक एंगल

2-41] जबकाटनेकाउपकरणअपनीक्रियाशुरूकरताहैऔर इसस्थितिमेंकाटनेकीशक्तिमेंवृद्धिहोतीहैतोउपकरणकाप्रभावक्याहोताहै ..?

ए] उपकरण का निकासी कोण अधिक है

बी] उपकरण का निकासी कोण कम है

C] टूल का रेक एंगल कम होता है

D] टूल का रेक एंगल ज्यादा होता है

3-42] टूलकेलिएरेकएंगलकाउद्देश्यहै?

ए] मानसिक चिप्स के लिए सही दिशा

बी] काम पर अच्छा परिष्करण

सी] उपकरण के जीवन को बढ़ाने के लिए

डी] नौकरी और उपकरण के बीच घर्षण से बचने के लिए

4-43] कटिंगटूलकेलिएक्लीयरेंसएंगलप्रदानकरनेकाउद्देश्यहै?

ए] धातु काटने वाले चिप्स की सही दिशा के लिए

बी] नौकरी के हिट होने पर घर्षण को कम करें

सी] नौकरी घर्षण के ऋषि के लिए

डी] काम पर बेहतर परिष्करण के लिए

5-44] यदिकाटनेकेउपकरणऊपरीकेंद्रकीऊंचाईनिर्धारितकरतेहैंतोक्याहोताहै?

ए] शीर्ष रेक कोण बढ़ाएं

बी] कम शीर्ष रेक कोण

सी] शीर्ष रेक कोण पर कोई प्रभाव नहीं

डी] निकासी कोण बढ़ाएँ

6- 45] यदिकटिंगटूलसेटिंगकोकेंद्रकीऊंचाईसेकमकियाजाएतोक्याहोगा?

ए] शीर्ष रेक कोण बढ़ाएं

बी] शीर्ष रेक कोण घटाएं

सी] रेक पर कोई प्रभाव नहीं

डी] निकासी कोण घटाएं

7-46] अगरकाटनेकाउपकरणनौकरीकेकेंद्रकोपरेशानकररहाहै?

ए] फ्रंट क्लीयरेंस एंगल बढ़ाएं

बी] फ्रंट क्लीयरेंस एंगल घटाएं

सी] सामने निकासी कोण पर कोई प्रभाव नहीं

डी] उनमें से कोई नहीं

8-47] अगरकटिंगटूलडाउनसेटिंगऑफजॉबहै?

ए] फ्रंट क्लीयरेंस एंगल बढ़ा हुआ है

बी] सामने निकासी कोण कम हो गया है

सी] निकासी कोण पर कोई प्रभाव नहीं

डी] उनमें से कोई नहीं

9-48] टूलकेलिएजीरोरेकएंगलदें?

ए] उपकरण के घर्षण से बचने के लिए

बी] उपकरण जीवन को बढ़ाने के लिए

C] सीधे टूल को बढ़ाने के लिए

डी] काम पर बेहतर परिष्करण के लिए

10-49] कार्बाइडटिपटूलकेलिएहार्डमटेरियलकोचालूकरनेकेलिए .....एक्सेंशियलहै?

ए] साइड रेक कोण

बी] शून्य रेक कोण

सी] सकारात्मक रेक कोण

D] ऋणात्मक रेक कोण

औद्योगिक प्रशिक्षण संस्थान

मासिक टेस्ट -4, अंक- 20, दिनांक:- ______________

(प्रत्येक प्रश्न दो अंक का होता है)

1-60] जिगमेंसहनशीलताहै..?

ए] नौकरी सहिष्णुता के पांच वर्तमान

बी] नौकरी सहिष्णुता का दस प्रतिशत

सी] 20% से 50% नौकरी सहनशीलता

डी] 100% नौकरी सहनशीलता

2-61] बोरसेलोकेशनकेलिएकिसजिगकाउपयोगकियाजाताहै?

ए] प्लेट जिगो

बी] ठोस जिगो

सी] जिगो पोस्ट करें

डी] बॉक्स जिगो

3-62] ड्रिलप्लेटवालेकिसजिगकेबाद?

ए] ठोस जिगो

बी] प्लेट जिगो

सी] बॉक्स जिगो

डी] टेबल जिगो

4-63] आंतरिकव्यासस्थानकेलिएकिसलोकेटरकाउपयोगकियाजाताहै?

ए] ठोस सपोर्ट

बी] पिन टाइप लोकेटर

सी] वी लोकेटर

डी] घोंसला लोकेटर

5-64] ड्रमजिगबुशिंग- आमतौरपरकठोरहोतेहैं ------------]

ए] माइल्ड स्टील

बी] कच्चा लोहा

सी] कास्ट स्टील

डी] टूई स्टील

6- 65] जिग्सवहउपकरणहैजो -------------

ए] काम के टुकड़े का पता लगाएँ

बी] वर्क पीस को पकड़ना और सपोर्ट करना

सी] काटने के उपकरण का मार्गदर्शन करें

डी] उपरोक्त सभी करता है

7-66] निम्नलिखितमेंसेकिसजिग्सकाउपयोगबोरसेआबंटनकेलिएकियाजाताहै?

ए] प्लेट जिगो

बी] ठोस जिगो

सी] जिगो पोस्ट करें

डी] बॉक्स जिगो

8-67] स्थिरताएकउत्पादनउपकरणहैजो -----------]

ए] काम के टुकड़े को पकड़ता है और उसका पता लगाता है

बी] टुकड़ा रखता है

सी] काम के टुकड़े को चैट करता है,

डी] न तो रखता है और न ही] काम के टुकड़े का पता लगाता है

9-68] निम्नलिखितमेंसेकिसकाउपयोगबड़ेपैमानेपरउत्पादन मेंटूलकोनिर्देशितकरनेऔरनौकरीकोबनाएरखनेकेलिएकियाजाताहै? '

ए] गेज]

बी] आवास

सी] स्थिरता

डी] जिगो

10-69] ड्रिलजिगमेंप्रोई/इडिंगबुशिंगकाउद्देश्यनिम्नलिखितमेंसेक्याहै?

ए] सटीक ड्रिलिंग ऑपरेशन के लिए ड्रिल का सटीक पता लगाने और ड्रिल का मार्गदर्शन करने के लिए

बी] ड्रिल किए जाने वाले छेद के आकार को निर्धारित करने के लिए

सी] आसान ड्रिलिंग के लिए

डी] ड्रिल किए गए छिद्रों में अच्छी तैयार सतह प्राप्त करने के लिए

औद्योगिक प्रशिक्षण संस्थान

मासिक टेस्ट -5, अंक- 20, तिथिः- _______________

(प्रत्येक प्रश्न दो अंक का होता है)

1-90] अगरसाइनबारहैंतोकॉन्टैक्टरोलर्सऔरडेटमसरफेसकीसेंटरलाइन

ए] वही लाइन ''

बी] समानांतर

सी] झुका हुआ

डी] लंबवत

2-91] साइनबारकिसकाबनाहोताहै -.

ए] उच्च कार्बन स्टील

बी] स्थिर क्रोमियम स्टील '

सी] हाई स्पीड स्टील

डी] निकल स्टील

3-92] एल = 200 मिमीकीलंबाईकेसाथएकसाइनबार काउपयोगवर्कपीसकेकोणकोसटीकरूपसेजांचनेकेलिएकियाजाता है] जांचाजानेवालाकोण: 250 स्लिपगेजकीऊंचाई 'एच' कीगणनाकरें?

ए] 84.54 मिमी

बी] 83.52 मिमी

सी] 81.81 मिमी

डी] 85.52 मिमी

4-93] निम्नलिखितमेंसेकौनसाकथनसहीहै?'

ए] गेज का उपयोग आकार की जांच के लिए किया जाता है

बी] आकार को चकने के लिए टेम्पलेट का उपयोग किया जाता है

सी] गेज का उपयोग आकार मापने के लिए किया जाता है

डी] गेज का उपयोग घटक के आकार की जांच के लिए किया जाता है

5-94] सेक्शनमेंगेजकोकिसमानकतापमानपररखाजाताहै?

ए] 100 सी

बी] 20 डिग्री सेल्सियस

सी] 100 एफ

डी] 20 डिग्री फारेनहाइट

6- 95] वर्कशॉपमेंआमतौरपरकिसग्रेडकेस्लिपगेजकाइस्तेमालकियाजाताहै?

ए] ग्रेड 0

बी] ग्रेड एल

सी] ग्रेड एच

डी] ग्रेड 0

7-96] भारतीयमानकोंकेअनुसारएकविशेषसेटगेजकाप्रयोगकियाजाताहैजिसमें

ए] 81 टुकड़े

बी] 112 टुकड़े

सी] 120 टुकड़े

डी] 130 टुकड़े

8-97] संदर्भगेजकीसटीकताहै

ए] 0.05 मिमी

बी] 0.01 मिमी

सी] 0.001]

डी] 0.0001 मिमी

9-98] स्लिपगेजपरचींटीकीगड़गड़ाहटकेमामलेमें, इसेद्वाराहटादियाजानाचाहिए

ए] भरना

बी] लैपिंग

सी] स्क्रैपिंग

डी] पीस

10-99] स्लिपगेजकीकठोरताकितनीहोनीचाहिए?

ए] 63 से अधिक एचआरसी

बी] 58 एचआरसी

सी] 55 एचआरसी

डी] 50 एचआरसी

औद्योगिक प्रशिक्षण संस्थान

मासिक टेस्ट -6, अंक- 20, तिथि:- _______________

(प्रत्येक प्रश्न दो अंक का होता है)

1-120] एचएसएसकेसाथपीतलकेलिएकाटनेकीगति] उपकरणहै

ए] 10 मीटर/मिनट

बी] 25 मीटर/मिनट

सी] 70 मीटर/मिनट

डी] 140 मीटर/मिनट

2-121] मशीनिंगकेदौरानकिसीउपकरणकीधारसामग्रीकेऊपर सेगुजरनेवालीदूरी, जिसेमशीनिंगकेरूपमेंजानाजाताहै...

ए] आरपीएम

बी] फ़ीड

सी] मशीन की गति

डी] काटने की गति

3-122] M24 x 3 मिमीआंतरिकधागेकेलिएकटकीगहराईहै

ए] 0.5412 x 3

बी] 0.6134 x 3

सी] 0.5 x 3

डी] 0.7 x 3

4-123] 24 x 3 मिमीआंतरिकएक्मेधागेकाटनेकेलिए, नौकरीकामुख्यव्यासहै

ए] 20.00 मिमी
बी] 21.66 मिमी
सी] 21.00 मिमी
डी] 20.60 मिमी

5-124] मीट्रिकस्क्वायरथ्रेडिंगकेलिएकटकीगहराईहै

ए] 0.6 एक्स पी
बी] 0.5 एक्स पी
सी] 0.5412 एक्स पी
डी] 0.6412 एक्स पी

6- 125] बट्रेसधागेकोकाटनेकेलिए, कटकीगहराईहै

ए] 0.5412 एक्स पी
बी] 0.6 एक्स पी
सी] 0.7 एक्स पी
डी] 0.75 एक्स पी

7-126] स्नेहकआवश्यकहै............]

ए] कम से कम भार लेते हुए मशीन को सुचारू रूप से चलाएं
बी] मशीन को जल्दी से चलाएं
सी] मशीन को तुरंत बंद करो
डी] अधिक सटीकता के काम के टुकड़े का उत्पादन करें

8-127] एक्सट्रीमप्रेशरएडिटिव (EPA) कोकटिंगफ्लुइडकेसाथमिलाया जाताहैताकिइसकीशक्तिमेंसुधारकियाजासके।

ए] कूलिंग
बी] स्नेहन
डी] मशीनी सतह का उत्पादन
C] कटिंग जोन की सफाई

9-128] मशीनटूल्समेंलुब्रिकेंटकाउपयोगकरनेकामुख्यउद्देश्यहै ------

ए] बनाने वाले हिस्सों को ठंडा करें
बी] मशीन टूल को गर्म होने से रोकें
सी] निकट संपर्क के लिए बनाने वाले हिस्सों को गीला करें
डी] बनाने वाले हिस्सों के बीच घर्षण को कम करें

10-129] निवारकरखरखावहै ....]

ए] रखरखाव में संवेदनशील उपकरणों का उपयोग शामिल है
बी] रखरखाव आमतौर पर ऑपरेटर द्वारा स्वयं किया जाता है
सी] काम तभी किया जाता है जब मशीन खराब हो जाती है

डी] अप्रत्याशित टूटने को कम करने की योजना

औद्योगिक प्रशिक्षण संस्थान

मासिक टेस्ट-7, अंक- 20, दिनांक:- ____________________

(प्रत्येक प्रश्न दो अंक का होता है)

1-140] प्रतिइंचथ्रेड्सकीसंख्याकीजाँच a . सेकीजासकतीहै

ए] टूल गेज

बी] गिनती द्वारा मीट्रिक नियम

सी] रिंग गेज

डी] पेंच पिच गेज

2-141] खरादकेथ्रेडिंगटूलको 60° केकोणपरसटीकताकेलिएजांचनेकेलिएकिसगेजकाउपयोगकियाजाताहै?

ए] पेंच पिच गेज

बी] थ्रेड प्लग गेज

सी] केंद्र गेज

डी] थ्रेड रिंग गेज

3-142] टूल मेकर के बटन का प्रयोग के लिए किया जाता है

ए] गाइड के तरीकों में सुस्ती को समायोजित करें ओई क्रॉसस्लाइड

बी] उपकरण की ऊंचाई बदलें

C] बोरिंग के लिए काम को किसी दिए गए डेटा में संरेखित करें

डी] उपरोक्त में से कोई नहीं]

4-143] बोर और पेंच के बीच जगह की निकासी प्रदान की जाती है

ए] बटन की स्थिति बदलने के लिए

बी] बटन के आसान परिवर्तन के लिए

सी] झाड़ी चिकनाई के लिए

डी] बटन की आसान क्लैंपिंग के लिए]

5-144] आम तौर पर अनियमित आकार के भारी कार्यों पर बटन बोरिंग ऑपरेशन में किए जाते हैं

ए] तीन जबड़े चक (सार्वभौमिक]

बी] फेसप्लेट

सी] केंद्रों के बीच

डी] चार जबड़े स्वतंत्र चक]

6- 145] टूल मेकर के बटन ओटी बने होते हैं]

ए] प्लास्टिक

बी] कच्चा लोहा

सी] कठोर स्टील

डी] कांस्य]

7-146] अंदरकेसबसेछोटेमाइक्रोमीटरमेंस्लीवपरग्रेजुएशनअंकितहोताहै

ए] 10 मिमी

बी] 12 मिमी

सी] 13 मिमी

डी] 25 मिमी

8-147] मल्टीपल स्टार्ट थ्रेड को आउट करने के लिए इस्तेमाल की जाने वाली विधि है

ए] आगे और पीछे स्विच विधि

बी] आधा अखरोट विधि का प्रयोग करें]

सी] फेस प्लेट और इंडेक्सिंग ड्राइव प्लेट विधि

डी] अटैचमेंट विधि]

9-148] एकाधिक प्रारंभ धागे का उपयोग किया जाता है

ए] वाइस स्पिंडल

बी] खराद तकला

सी] मानक अखरोट

डी] पेन कवर]

10-149] फेसप्लेटकेकाममेंसंतुलनहोताहै

ए] गति बढ़ाने के लिए

बी] उपकरण पर दबाव कम करने के लिए

सी] काम के समान रोटेशन के लिए

डी] एक अच्छा खत्म करने के लिए

औद्योगिक प्रशिक्षण संस्थान

मासिक टेस्ट -8, अंक- 20, तिथि:- ______________

(प्रत्येक प्रश्न दो अंक का होता है)

1-170] निम्नलिखित में से यह बियरिंग्स हैं] दो हिस्सों में बने और विशेष प्लमर ब्लॉक में इकट्ठे हुए?

(ए) ठोस असर

(बी) असर

(सी) थूक असर

(डी) समायोज्य ढक्कन असर

2-171] निम्नलिखित में से किस प्रकार के बेयरिंग की दौड़ में गोलाकार छिद्र होता है?

(ए) कोणीय संपर्क बॉल बेयरिंग

(बी) सेल्फ अलाइनिंग बॉल बेयरिंग

(सी) रोलर असर

(डी) थ्रश बॉल बेयरिंग

3-172] रोलर बेयरिंग में घर्षण कम करने का क्या कारण है?

(ए) संपर्क क्षेत्र

(बी) ग्रीस

(सी) साइटें

4-173] आवास में सीमित असर स्थान के कारण असर के बाहरी व्यास को गंभीर रूप से प्रतिबंधित करना आवश्यक है असर का चयन करें।

(ए) बॉल बेयरिंग

(बी) रोलर असर

(सी) सुई असर

(डी) उपरोक्त में से कोई भी

5-174] उस बेयरिंग का नाम जिसमें बाहरी दौड़ में बैरल के आकार के रोलर्स और गोलाकार छिद्र होते हैं?

(ए) स्वयं संरेखित रोलर बीयरिंग

(बी) रोलर असर

(सी) रोलर असर

(डी) सुई असर

6- 175] एंटी-फ्लेक्शन बेयरिंग की दौड़ और रोलिंग तत्वों की सामग्री....]

(ए) क्रोमियम स्टील या क्रोम-निकल स्टील]

(बी] स्टेनलेस स्टील]

(सी] कच्चा लोहा]

(डी) कांस्य

7-176] जब एंटी-फ्रिक्शन बेयरिंग सीधे शाफ्ट में लगाई जाती है] इस हिस्से पर दबाव डाला जाना चाहिए.......]

(ए) आंतरिक दौड़

(बी) बाहरी दौड़

(सी) पिंजरा

(डी) रोलिंग तत्व

8-177] तेल स्नान या प्रेरण हीटिंग प्रक्रिया में असर का ताप तापमान]

(ए) (50 डिग्री सेल्सियस से 90 डिग्री सेल्सियस

(बी) 90 डिग्री सेल्सियस से 100 डिग्री सेल्सियस

(सी) 90 डिग्री सेल्सियस से 120 डिग्री सेल्सियस

(डी) 90 डिग्री सेल्सियस से 150 डिग्री सेल्सियस

9-178] रोलिंग संपर्क असर तापमान से अधिक गरम नहीं किया जाना चाहिए]

ए] 100 डिग्री सेल्सियस

बी] 120 डिग्री सेल्सियस

सी] 140 डिग्री सेल्सियस

डी] 150 डिग्री सेल्सियस

10-179] निम्नलिखित में से किस सामग्री की भार वहन क्षमता कम है?

(ए) कैडमियम आधारित मिश्र धातु

(बी) सफेद धातु

(सी) लीड कांस्य

(डी) कच्चा लोहा

औद्योगिक प्रशिक्षण संस्थान

मासिक टेस्ट-9, अंक- 20, दिनांक:- ____________________

(प्रत्येक प्रश्न दो अंक का होता है)

1-238] आवश्यकगुणप्राप्तकरनेकेलिएस्टीलकीसंरचनाको बदलनेकेलिएहीटिंगऔरकूलिंगकीप्रक्रियाकोकहाजाताहै

ए] हार्डनिंग

बी] सामान्यीकरण

सी] गर्मी उपचार

डी] तड़के

2-239] एनीलिंगकामुख्यउद्देश्यहै

ए] कठोरता बढ़ाएं

बी] कठोरता बढ़ाएँ

सी] मशीनेबिलिटी में सुधार

डी] विरूपण में सुधार

3-240] स्टीलकोसामान्यबनानेकाउद्देश्य ----------- **है**

ए] प्रेरित तनाव को दूर करें

बी] जीन में सुधार और भंगुरता को कम करें

सी] धातु को नरम करें

डी] सतह बढ़ाएँ?

4-241] बाहरी 5” एनीलिंग .
कोसख्तकरनेकेलिएनिम्नलिखितमेंसेकिसप्रक्रियाकाउपयोगकियाजाताहै?

ए] हार्डनिंग

बी] तड़के

सी] केस हार्डनिंग

डी] आंसू सतह

5-242]

सख्तऔरडक्टआईआईकोरऔरहार्डवालेघटककेउत्पादनकेउद्देश्यकेरूपमेंजानाजाताहै .....]

ए] हार्डनिंग

बी] केस सख्त

सी] तड़के

डी] एनीलिंग

6- 243] सख्तहोनेपरउच्चकार्बनस्टीलकाकममहत्वपूर्णतापमान ---------- होताहै

ए] 9600C

बी] 900 डिग्री सेल्सियस

सी] 7230 सी

डी] 56O सी

7-244] संरचनाकोबदलनेकीप्रक्रियाऔरइसप्रकारहीटिंगऔर 'कूलिंग' द्वारागुणोंकोबदलनेकेरूपमेंजानाजाताहै -

ए] हीट ट्रीटमेंट

बी] मिश्र धातु

सी] तड़के

डी] इनमें से कोई नहीं

8-245] अनाजकीसंरचनाकोपरिष्कृतकरनेकेलिएनिम्नलिखितमेंसे कौनसीऊष्माउपचारप्रक्रियाकोअपनायाजाताहै]

ए] एनीलिंग

बी] हार्डनिंग

सी] तड़के

डी] सामान्यीकरण

9-246] एनीलिंगलोहेऔरस्टीलपरकीजातीहै ---------

ए] आंतरिक तनाव को दूर करने के लिए

बी] कठोरता को कम करने के लिए

सी] मशीनेबिलिटी में सुधार करने के लिए

डी] ये सभी

10-247] निम्नलिखितमेंसेकौन-साएकऊष्माउपचारकेचरणोंमेंनहींआताहै?

ए] ताप

बी] सफाई

सी] शमन

डी] भिगोना

औद्योगिक प्रशिक्षण संस्थान

मासिक टेस्ट-10, अंक- 20, दिनांक:- ____________________

(प्रत्येक प्रश्न दो अंक का होता है)

1-257] जीरोऑफ़सेटप्रोग्राममेंइंगितकरताहै .... निम्नलिखितकाकोड

ए] एक्स yz

बी] X0 y0 z00

सी] X10 Y20 Z30

डी] जी71

2-258] वर्कजीरोहै......

ए] नौकरी की स्थिति पर मशीन का डेटा शून्य।

बी] X0Y0Z0 द्वारा इंगित करें।

सी] कार्यक्रम के अनुसार नौकरी पर बिंदु का चयन।

डी] मशीनिंग बिंदु का अंत

3-259] एमकमांडकाउपयोगऑपरेशनशुरूकरनेऔरपूर्णक्रांतिचक्रएम03 मतलबकेलिएकियाजाताहै।

ए] कार्यक्रम बंद करो।

बी] कार्यक्रम पूरा और रीसेट।

सी] कार्यक्रम को पूरा करें।

डी] धुरी दक्षिणावर्त गति

4-260] सीएनसीमशीनमैन्युअलरूपसेसंचालितनहींहै, यह ...... द्वारानियंत्रितहै।

एक कार्यक्रम

बी] ऑपरेशन

सी] कैम

डी] प्लग बोर्ड सिस्टम

5-261] सीएनसीमशीनमें M13 काअर्थहै

ए] कूलेंट स्टॉप

बी] शीतलक चालू

सी] स्पिंडल स्टॉप

डी] कूलेंट ऑन और स्पिंडल ऑन

6- 262] सीएनसीमशीनमेंपावरपैककाकार्य।

ए] स्नेहक गर्मी के संतुलन के लिए।

बी] स्नेहक की बढ़ती गर्मी के लिए।

सी] स्नेहक की गर्मी को नष्ट करने के लिए।

डी] सबसे ऊपर।

7-263] सीएनसीमशीनबिस्तरकाखंडहै.....

फ्लैट

बी] आधा दौर

सी] आयताकार

डी] त्रिकोणीय

8-264] निम्नलिखितमेंसेकौनसाकथनसीएनसीमशीनकानुकसानहै।

ए] कम निरीक्षण शुल्क।

बी] कम टूलींग चार्ज।

सी] उत्पादन दर बढ़ाएँ।

डी] उच्च स्थापना शुल्क।

9-265] पॉइंटटूपॉइंटसिस्टमकिसकेलिएअधिकप्रभावीहै......

ए] टर्निंग

बी] प्रोफाइल मिलिंग

सी] पीस

डी] ड्रिलिंग

10-266] एनसीमशीनपर ...... यूनिटपरटूलसेटिंग।

ए] प्रीसेटिंग डिवाइस।

बी] मशीन के बिना विशेष उपकरण ऑर्डर करें।

सी] एनसी मशीन पर अन्य खाली समय।

डी] जब अन्य ऑपरेशन मशीन पर काम कर रहे हों।

औद्योगिक प्रशिक्षण संस्थान

मासिक टेस्ट-11, अंक- 20, दिनांक:- ____________________

(प्रत्येक प्रश्न दो अंक का होता है)

1-281] ज़ीरोऑफ़सेट .... और...... केबीचकीदूरीहै।

ए] जी41 और जी42

B] मशीन जीरो और वर्क जीरो

सी] संदर्भ बिंदु और टैपिंग मोड

डी] उनमें से कोई नहीं

2-282] फ़ीडदरकोजीकेसाथमिमीप्रतिमिनटकेरूपमेंक्रमादेशितकिया गयाहै .... औरमिमीप्रति-क्रांतिजीकेसाथ ......

ए] जी41 और जी42

बी] जी 43 और जी 40

सी] जी 94 और जी95

डी] उनमें से कोई नहीं

3-283] सीएनसीकंट्रोलयूनिटमें ...... सेसभीनिर्देशोंकोएकत्रकरनेकेलिए

एक याद

बी] टेप रीडर

सी] नियंत्रण कक्ष

डी] ऑपरेटर

4-284] सीएनसीड्रिलिंगमशीनवाईअक्षकेआगेऔरपीछेनियंत्रणकेलिए ....

ए] स्पिंडल

बी] टेबल

सी] दक्षिणावर्त

डी] कॉलम

5-285] एम 01 कमांडकामतलबहै.....

ए] कार्यक्रमों को रोकने के लिए

बी] कार्यक्रम का अंत और रीसेट

सी] कार्यक्रम की स्थिति को रोकना

डी] मशीन स्पिंडल के दक्षिणावर्त रोटेशन

6- 286] सीएनसीमशीनकीस्थापनाअमेरिकीवैज्ञानिकजॉनपर्सनने ...... वर्षमेंकीहै

ए] 1950

बी] 1952

सी] 1955

डी] 1957

7-287] सीएनसीमशीनकोकमांडकरनेकेलिएप्रयुक्तयूनिटकानाम।

ए] नियंत्रण इकाई

बी] मेमोरी यूनिट

सी] इनपुट यूनिट

डी] आउटपुट यूनिट

8-288] सीएनसीमशीनमेंडेटाकोसंसाधितकरनेकेलिएप्रयुक्तइकाईकानाम।

ए] मेमोरी यूनिट

बी] नियंत्रण इकाई

सी] इनपुट यूनिट

डी] आउटपुट यूनिट

9-289] सीएनसीमशीनमेंडाटास्टोरकरनेकेलिएप्रयुक्तइकाईकानाम।

ए] इनपुट यूनिट

बी] नियंत्रण इकाई

सी] मेमोरी यूनिट

डी] आउटपुट यूनिट

10-290] सीएनसीमशीनमेंडेटाकीगणनाकेलिएप्रयुक्तइकाईकानाम।

ए] आउटपुट यूनिट

बी] अंकगणित इकाई

सी] मेमोरी यूनिट

डी] इनपुट यूनिट

औद्योगिक प्रशिक्षण संस्थान

मासिक टेस्ट-12, अंक- 20, दिनांक:- ____________________

(प्रत्येक प्रश्न दो अंक का होता है)

1-308]

सीएनसीप्रोग्राममेंब्लॉककेक्रमांककोदर्शानेकेलिएकिसअक्षरकाप्रयोगकियाजाताहै

एक

बी] जी

सी] एफ

डी] एस

2-309]

सीएनसीप्रोग्राममेंरैखिकअक्षकीस्थितिकोइंगितकरनेकेलिएकिसअक्षरकाउपयोगकियाजाताहै

ए] एबीसी

बी] यूवीडब्ल्यू

सी] एक्सवाईजेड

डी] आईजेके

3-310] फ़ीडदरकेलिएसीएनसीकार्यक्रममेंउपयोगकिएगएनीचेदिएगएअक्षरोंमेंसेएक

जैसा

बी] एफ

सी] टी

डी] एम

4-311]

आरपीएममेंस्पिंडलस्पीडकेलिएसीएनसीप्रोग्राममेंइस्तेमालकिएगएनीचेदिएगएअक्षरोंमेंसेएक

हूँ

बी] टी

सी] एस

डी] एफ

5-312]

सीएनसीप्रोग्राममेंटूलकेटूलफंक्शननंबरकोदर्शानेकेलिएकिसअक्षरकाप्रयोगकियाजाताहै?

पर

बी] एस

से। मी

डी] एफ

6-313]
सीएनसीप्रोग्राममेंप्रोग्रामकोरोकनेकेलिएकौन-साविविधफंक्शनइस्तेमालकियाजाताहै

ए] एम03

बी] M00

सी] M01

डी] एम02

7-314]
वैकल्पिकस्टॉपकोप्रोग्रामकरनेकेलिएउपयोगकिएजानेवालेनिम्नविविधकार्योंमेंसेएक

ए] एम 01

बी] एम 02

सी] एम 03

डी] एम 04

8-315] सीएनसीप्रोग्राममेंविविधफंक्शन M02 काउपयोगकियाजाताहै......

ए] प्रोग्राम स्टॉप

बी] वैकल्पिक कार्यक्रम बंद करो

सी] कार्यक्रम का अंत

डी] क्लॉकवाइज स्पिंडल ऑन

9-316] सीएनसीकार्यक्रममेंविविधप्रकार्योंमेंएम03 काप्रयोगकियाजाताहै।

ए] काउंटर क्लॉकवाइज स्पिंडल ऑन

बी] दक्षिणावर्त धुरी पर

सी] स्पिंडल ऑफ

डी] उपकरण परिवर्तन

10-317]
स्पिंडलस्टॉपकेलिएसीएनसीप्रोग्राममेंउपयोगकिएजानेवालेविविधकार्योंमेंसेएक।

ए] एम04

बी] एम05

सी] एम06

डी] एम07

www.ingramcontent.com/pod-product-compliance
Ingram Content Group UK Ltd.
Pitfield, Milton Keynes, MK11 3LW, UK
UKHW021917190726
13853UKWH00002B/722